LE CŒUR ET LA RAISON

ÉPISODE DIALOGUÉ

ET EN VERS

PARIS. — TYPOGRAPHIE DE SOYE ET BOUCHET.

LE
CŒUR ET LA RAISON

ÉPISODE DIALOGUÉ

ET EN VERS

PAR P. GERVAISE.

PARIS

IMPRIMERIE DE SOYE ET BOUCHET,

PLACE DU PANTHÉON, 2.

1858

PERSONNAGES

PAUL, 25 ans.
VALENTIN, 30 ans.
LOUISE, 22 ans.
MATHILDE, 26.
L'ONCLE DE PAUL, 60 ans.
LE DOMESTIQUE DE MATHILDE.

La scène se passe à Paris, de nos jours.

LE CŒUR ET LA RAISON

I

Chez Paul. Un cabinet très-modeste avec une bibliothèque ; au
fond, une porte donnant sur l'escalier ; à droite et à gauche,
portes communiquant avec l'appartement. Sur le deuxième plan
à droite, une fenêtre ; sur le devant de la scène à gauche, une
table couverte de papiers et de livres, que Louise est en train de
mettre en ordre au lever du rideau.

SCÈNE PREMIÈRE

LOUISE, rangeant la table, mise fort simple ; PAUL, sortant de la
porte à droite, tenant son chapeau à la main, comme prêt à
sortir.

LOUISE, à Paul.

Tu sors ?

PAUL.

Oui.

LOUISE.

Pour longtemps ?

PAUL.

A peu près pour une heure.
Je vais voir mon cher oncle, et tu sais qu'il demeure
Assez loin.

LOUISE.

Tu seras bien plus longtemps alors.

PAUL.

Suis-je à peine chez lui que j'en veux être hors.
Je vais et je reviens.

LOUISE, avec compassion.

Tu vas à ta corvée...

PAUL.

C'est bien vrai! Que veux-tu? quand elle est achevée,
Je respire, et je crois pendant un jour ou deux
Ne plus appartenir au beau corps des neveux.

LOUISE.

Pauvre ami! je te plains; mais prends ton grand courage.

PAUL.

Ah! je ne suis pas fait pour courir l'héritage.
Dire qu'il est des gens qui convoitent mon sort!

LOUISE.

C'est que l'oncle vivant fait rêver l'oncle mort;
L'espérance, pour eux, fleurit sur une tombe.

PAUL.

Oui, c'est un mal qu'on blâme et dans lequel on tombe
Involontairement... Moi-même, le premier,
Je l'ai frondé souvent, je ne puis le nier,
Alors que d'un parent j'ignorais l'existence,
Et quand je n'avais pas l'ombre d'une espérance.
Et maintenant je fais ce que les autres font...
L'homme est bête

SCÈNE II

LOUISE, PAUL, VALENTIN, entrant par le fond.

VALENTIN, qui a entendu les dernières paroles de Paul.

Mon cher, c'est plus vrai que profond,
Ce que tu nous dis là... Bonjour... bonjour, Louise.

LOUISE.

Quoi ! Valentin, c'est vous ?

VALENTIN

Pourquoi cette surprise ?

LOUISE.

Savez-vous bien, méchant, que voilà dix grands jours...

VALENTIN.

Je pourrais m'excuser par un très-beau discours;
(Lui montrant un volume qu'il tient sous son bras.)
Mais je n'en ferai rien, j'apporte mon excuse.

LOUISE.

Mais qu'est-ce donc ?

VALENTIN, lui montrant le volume.

Voyez.

PAUL, d'un ton de reproche affectueux.

Pour moi, je la récuse,
Rester ainsi dix jours sans voir ses bons amis !...
Tout grand homme qu'on soit, cela n'est pas permis.

LOUISE.

Oh ! comme il est gentil !

PAUL, souriant.

Le cadeau sait te plaire.
Et ton courroux s'en va.

LOUISE, à Paul.

Regarde, un exemplaire
De sa partition... O Valentin, merci!

VALENTIN, à Paul.

Eh bien, pourrai-je pas te désarmer aussi?
Voilà, depuis deux jours, le travail qui m'enchaîne.

PAUL.

Va, je plaisante, ami ; je comprends bien sans peine
Que ton art, tes succès et ta célébrité,
T'arrachant aux douceurs de notre intimité,
Tu ne m'appartiens plus. C'est vrai, génie oblige,
Le monde te réclame, et si je m'en afflige
Quelquefois en songeant qu'il m'enlève un ami,
La gloire de ton nom me console à demi.

VALENTIN.

La gloire, elle est peut-être un effet du caprice...

PAUL.

Non, je crois à la tienne, elle n'est que justice,
Et sois-en sûr, ami, le temps confirmera
Les éloges donnés à ton bel opéra.

VALENTIN.

Ainsi soit-il!

LOUISE à Paul, lui montrant le livre qu'elle feuillette sur la table.

Voici la charmante romance
Du second acte; tiens, ces couplets que Laurence
Chante aussitôt après la retraite du chœur...
Pour demain, Valentin, je la saurai par cœur...
Car je la sais déjà... presque.

VALENTIN.

Demain, Louise,
Vous me la chanterez, si vous l'avez apprise.

LOUISE.

Quoi! vous viendrez demain?...

VALENTIN.

Reprendre nos leçons,
Sans doute; maintenant nous les recommencerons...
Ne le voulez-vous pas?

LOUISE.

Si vraiment, mais je n'ose;
Votre temps est trop cher pour qu'ainsi j'en dispose.

PAUL.

Elle a raison, ami, ton temps est précieux.
Et tu peux aujourd'hui l'employer beaucoup mieux;
D'ailleurs, pour son plaisir, elle est bien assez forte.

VALENTIN.

On ne l'est jamais trop... Quant à mon temps, qu'importe?
Louise a du talent et je veux la pousser...
Mais tu sortais, je crois?

PAUL.

Oui, je voulais passer
Chez mon oncle, savoir si je dois l'aller prendre
Pour aller chez Gustave, ou si je dois m'y rendre
Sans lui.

VALENTIN.

C'est donc ce soir qu'on signe le contrat
De la sœur de Gustave?

PAUL.

Oui, c'est jour d'apparat.
Tu l'aurais oublié!

VALENTIN.

Ma foi, sans toi, peut-être;
Et ton oncle y sera?

PAUL.

Si tu veux le connaître,
Je te présenterai.

VALENTIN.

Je n'en ai pas besoin...
D'autres ces derniers jours t'ont épargné ce soin.

PAUL.

Bah ! vous vous connaissez ?

VALENTIN, embarrassé et à demi-voix, en montrant Louise du regard.

Oui, c'est toute une histoire.
Je te la conterai.

(Louise, qui pendant cette conversation de Paul et de son ami a continué de parcourir son livre, aperçoit le signe de Valentin et se retire discrètement.)

SCÈNE III

PAUL, VALENTIN.

PAUL, continuant toujours la conversation.

Les profits de la gloire,
Peut-être ?

VALENTIN.

Mais, un peu... tristes profits d'ailleurs...

PAUL.

Enfin ! l'oncle, pour toi, n'est donc plus des meilleurs ?

VALENTIN.

Je ne me souviens pas d'avoir plaidé sa cause.
J'ai vu tes intérêts et jamais autre chose,
Quand je te reprochais d'apporter avec lui
Cet air froid et contraint qui révèle l'ennui.
Ton oncle n'a pour moi de mérite en partage
Que celui de t'offrir un fort bel héritage ;

Mais, enfin, c'en est un que tu dois ménager...
Et franchement, pour toi, je le crois en danger.

PAUL.

Il t'a parlé de moi?

VALENTIN.

De façon évasive.

PAUL.

Il ne me porte pas une amitié bien vive?
La sympathie alors est grande entre nous deux...
Pour l'aimer, cependant, je fais ce que je peux,
Et si je ne crois pas que jamais j'y parvienne,
C'est encore bien plus sa faute que la mienne.
Parti depuis trente ans, il revient un beau jour
Se fixer à Paris. Il apprend au retour
Que ma mère, sa sœur, est morte déjà veuve,
Et que moi je survis ; on lui donne la preuve
De notre parenté, je suis son seul neveu.
Il m'écrit aussitôt qu'arrivé depuis peu,
Son désir naturel étant de me connaître,
Je me rende chez lui. C'était bien froid, peut-être...
Je ne dis pas qu'alors il dût m'aimer beaucoup
Et m'ouvrir les deux bras d'abord du premier coup.
Mais n'avoir pas un mot de regret pour ma mère...
Pour sa sœur; n'avoir pas une pensée amère,
Pas un seul souvenir, un seul élan de cœur
Pour celle qui l'aima, tant qu'elle fut sa sœur...
Oh! oui, c'était bien froid! et pourtant... imbécile!
J'eus, en lisant sa lettre, une ivresse fébrile...
Nous autres, gens de cœur, notre rage ici-bas
Est de chercher du cœur chez ceux qui n'en ont pas.
Attrapés par l'un deux, nous en trouvons un autre...
Nous retombons encore à lui prêter le nôtre.

Je le voyais, pensant ce que j'aurais pensé
A sa place ; aussitôt j'accours tout empressé
Pour épandre avec lui le transport que j'éprouve...
Mon oncle se levait, j'attends une heure, et trouve,
Au lieu de cet accueil tout rempli de bonté,
Que j'espérais, la grave et froide dignité
D'un homme qui veut bien pour un moment descendre
Jusqu'à vous accorder la grâce de l'entendre...
Ah ! je fus abruti ! J'écoutais. Quels discours !
Moi, moi, moi, toujours moi, l'illustre moi toujours !
Et lorsque enfin, il vint à parler de ma mère,
Traitant son noble amour d'incroyable chimère,
Méconnaissant mon père et tout ce que son cœur
Avait su lui donner de joie et de bonheur,
Il me dit, ah ! pour lui que bientôt je l'oublie !
Qu'elle avait payé cher un moment de folie !...
Et puis tu veux que moi j'aime cet homme-là !

VALENTIN.

Eh ! mon Dieu, mon cher Paul, qui parle de cela ?
Lorsque tu l'aimerais comme autrefois ton père,
Ce serait temps perdu. Penses-tu qu'il espère
En ton affection, il ne la comprend pas.
Parle-lui de l'amour, bientôt tu le verras
S'accrocher à l'orgueil, comme dans la lumière
Un aveugle se guide en touchant la matière...
Un sens lui manque. Eh bien, peux-tu le lui donner ?

PAUL.

Non ; mais il est des mots qu'on ne peut pardonner.

VALENTIN.

Comprends donc bien qu'ici tu traites une affaire.
Pourquoi mettre du cœur où le cœur n'a que faire ?
Vois ta position sous son unique aspect...
Une affaire, pas plus. Te suis-je donc suspect
En te parlant ainsi ?

PAUL.

Jamais !

VALENTIN.

Parfois j'en doute...
Tu me désoles, Paul, et cependant, écoute :
Puisque tu vois que rien ne pourrait le changer,
En ton oncle, à présent, vois un simple étranger,
Sur tous les biens duquel, toi que la loi protége,
Tu possèdes un droit acquis par privilége ;
Mais puisque rien enfin ne garantit ce droit,
Qu'il peut t'être enlevé par un fripon adroit,
Défends-le... Tu me fais parler comme un notaire.

PAUL.

S'il s'agissait de toi, tu serais plus austère,
Valentin.

VALENTIN.

Mon ami, ne parlons pas de moi,
Je ne suis pas de ceux que protége la loi...

PAUL, geste au cœur.

Nos lois elles sont là, je n'en connais pas d'autres...

VALENTIN.

C'est possible pour nous, mais non pour les nôtres...

PAUL.

Ai-je donc des enfants ?...

VALENTIN.

N'en peux-tu pas avoir ?

PAUL.

Eh bien, quand j'en aurais ? ce n'est pas un devoir
Que de leur acquérir des biens par la bassesse.

VALENTIN.

Va, n'exagérons rien, pas même la sagesse.

Ce qui peut aujourd'hui te sembler triste et bas,
Pour toi, Paul, dès demain, peut bien ne l'être pas.
Es-tu donc sûr enfin d'avoir franchi le terme
Où de l'ambition va s'arrêter le germe ?
Ou crois-tu que, si fort, tu puisses au besoin
L'étouffer en disant : tu n'iras pas plus loin?
Et quand cela serait, tu n'es pas seul au monde ;
La terre est bien assez en misères féconde,
Pour qu'il te soit donné d'y retrouver encor
Quelques occasions d'y répandre un peu d'or.
Rappelle-toi ces jours de pénible impuissance
Où, devant le malheur de quelque ami d'enfance,
Nous en étions réduits, tristes consolateurs,
A n'avoir que nos pleurs à mêler à ses pleurs.
Souffrions-nous assez ! Crois-moi, pour l'homme sage
La fortune n'est pas un très-grand avantage,
Il n'en a pas besoin ; mais pour l'homme de cœur
Elle est un instrument nécessaire au bonheur.
Que feras-tu, d'ailleurs? rien, que les autres hommes
Ne fassent comme toi ; dans le monde où nous sommes,
En as-tu vu beaucoup refuser le hasard
Qui leur donne au bien-être une plus large part?
Je ne crois pas ; pourtant, tous n'avaient pas, je pense,
Pour leurs collatéraux une tendresse immense...

(Prenant un ton gai et légèrement railleur.)

Mais si ton sentiment, tout à coup adopté,
Imposait l'amitié pour droit d'hérédité,
A peu d'exceptions, mon cher, Dieu me pardonne,
Personne ne pourrait hériter de personne
Ta justice est vraiment trop pleine de rigueur
Pour qu'on s'occupe un jour de la mettre en vigueur.

PAUL.

Que faut-il faire, alors?

VALENTIN.

Ton oncle aime le monde...

PAUL.

Et moi je ne me plais qu'en une paix profonde...

VALENTIN.

Veuille t'éliminer un instant. Il lui faut
Les cercles, les salons où l'on peut parler haut,
Où l'esprit (il en a beaucoup, ne t'en déplaise)
Puisse dans son clinquant se draper à son aise.
On l'écoute, on l'admire, alors il est heureux.
Les oncles faits ainsi prisent peu les neveux
Qui, comme tu le dis, aiment la paix profonde.
Qui ne fait comme nous assurément nous fronde,
Il le sait, et l'orgueil ne peut s'accommoder
De voir un héritier sans cesse le fronder.
Flatte donc son orgueil ; voilà ce qu'il faut faire.

PAUL.

Et comment, sur ce point, puis-je te satisfaire ?
Sans prétendre vouloir lui dénier l'esprit,
Me faudra-t-il enfin, applaudir ce qu'il dit,
Quand je connais si bien que toute sa jactance
N'est pas plus ce qu'il fait qu'elle n'est ce qu'il pense ?
Qu'il passe à tous les yeux pour un homme profond,
C'est possible ; mais moi qui le connais à fond,
J'ai sondé bien souvent la brillante surface
Qu'il étale, et jamais je n'ai trouvé que glace...
Et si mon cœur, un jour, allait s'acclimater
A ce froid désolant, si j'allais adopter,
Sans m'en apercevoir, cédant à l'habitude,
Ces principes qui font de la vie une étude,
Une pose éternelle, aurais-je donc gagné ?
J'ai peur, et j'aime mieux me tenir éloigné.

VALENTIN.

Cette contagion pour toi n'est pas à craindre.

PAUL.

Combien de ces cœurs chauds avons-nous vus s'éteindre
À de pareils contacts ! Le mien vaut-il donc mieux ?
Mais mon oncle lui-même a peut-être, comme eux,
Vu le sien consumé par la décrépitude
Qu'apportent chaque jour l'exemple et l'habitude ;
Peut-être à vingt-cinq ans pensait-il comme moi...

VALENTIN, avec conviction.

Oh ! non, crois-le bien, Paul !

PAUL, surpris.

D'où le saurais-tu, toi ?
Tu ne l'as pas connu dans ce temps, que je pense.

VALENTIN, commençant à perdre patience.

Ah ! c'est toi maintenant qui prendras sa défense !
Quel homme ! si jamais l'on peut te raisonner !

PAUL.

Allons, apaise-toi.

VALENTIN, tout à fait impatienté.

Tu me ferais damner
Avec ta passion de chercher une excuse
Là, jusque dans un fait que le bon sens récuse.
Songe-creux ! contre toi te faut-il un appui ?
Tu ne seras pas plus un homme comme lui
Qu'il n'a pu jamais être un homme à toi semblable.
Connais-toi donc enfin, rêveur impitoyable !
Toi déserter le cœur ! Quand tous seraient brûlés,
Consumés, calcinés, ou rôtis, ou gelés,
On en retrouverait encore un sur la terre,
Et ce serait le tien ! Ah ! je ne puis le taire.

Je t'aime et je t'admire, en cherchant si quelqu'un
Peut jamais avoir eu si peu de sens commun !

 (A part.)

Pauvre ami, s'il savait que cet homme est mon père!

PAUL, très-ému.

Tu m'aimes, Valentin, et je te désespère;
Ah! j'ai tort, je me rends.

VALENTIN.

Va donc, sublime fou!

Qu'il faudrait châtier en pliant le genou.

PAUL.

Oh! je t'ai bien compris, je sais ce qu'il faut faire

(Cherchant à se rappeler tout ce que lui a dit Valentin.)

A présent...Qu'est-ce au fait?... rien qu'une simple affaire...
C'est vrai... mon oncle ici n'est plus qu'un étranger
Que je ne puis prétendre vouloir corriger...
Il est trop vieux... et puis peut-être un égoïste
Naît avec son défaut, tout comme on naît artiste ;
Mais s'il faut d'un éclat parer ses vanités...
Eh bien, je suis docteur en trois des facultés...
Il le saura !

VALENTIN.

Comment! il ignore ces titres?

PAUL.

Mais oui; croyais-je en eux posséder les arbitres
Qui pouvaient avec lui décider de mon sort?

VALENTIN.

Il ignore cela? Cette fois, c'est trop fort!
Mais, en te présentant à lui, qu'as-tu pu dire
De ta position il a voulu s'instruire,
Sans doute?

2

PAUL.

Eh bien, j'ai dit que j'étais professeur,
N'est-ce pas vrai?

VALENTIN.

C'est tout ; et pourquoi pas, docteur ?

PAUL.

Je te l'ai dit, ami, j'ignorais l'importance
Que pût avoir un titre en cette circonstance...

VALENTIN.

Se taire ! quand on voit tant de gens ici-bas
Parés insolemment de titres qu'ils n'ont pas !...
Je ne m'étonne plus si ton oncle te porte
Si peu d'affection... un homme de sa sorte,
Ne voir, dans son neveu, qu'un simple professeur..
Un coureur de cachets... comme c'était flatteur !
Répare donc bien vite une telle bévue...
Mais tu ne vois donc pas ce qui saute à la vue,
Un sens te manque aussi...

PAUL.

Tant mieux, c'est le mauvais.

VALENTIN.

C'est à désespérer de te changer jamais...

PAUL.

Je n'y tiens pas.

VALENTIN.

Alors, s'il faut qu'on te conduise,
Laisse-toi faire...

PAUL.

Il faut réparer ma sottise,
Je l'ai dit moi-même et c'est bien convenu.
Je vais y aller.

VALENTIN.

Eh bien, aussitôt revenu,
Viens me voir et dis-moi...

PAUL, il va pour sortir.

Tout, je te le proteste.

VALENTIN, le rappelant.

Un mot encore, Paul... une crainte me reste...

PAUL.

Laquelle?

VALENTIN.

Tu n'es pas un homme sans esprit...
Tant s'en faut... et pourtant de toi ton oncle rit.

PAUL.

C'est qu'avec lui jamais je ne suis à mon aise...

VALENTIN.

Prends donc dorénavant un aplomb qui lui plaise;
Et puisque en toi l'esprit ne peut faire défaut,
Sache au moins t'en servir en ce cas... il le faut.

PAUL.

Ne crains rien. Descends-tu?

VALENTIN.

Non, je veux voir Louise.

PAUL.

Alors à tout à l'heure et chez toi.

(Il sort.)

SCÈNE IV

VALENTIN, seul.

Je le grise...
Pauvre Paul! un instant j'ai pu le remonter...

Mais cela tiendra-t-il? j'ose à peine y compter.
Ce noble et digne cœur, cette riche nature
Dont tous les sentiments tendent vers la droiture,
Pourront-ils soutenir de si rudes combats
Que de se maîtriser toujours? Je ne crois pas.
Et s'il connaissait tout! s'il savait que cet homme,
Ébloui par l'éclat d'un talent qu'on renomme,
Attiré par le bruit d'un succès obtenu,
Cherche à ravoir en moi son enfant méconnu...
Non, il ne l'aura pas! A défaut de tendresse,
Son orgueil réveillé maintenant me caresse,
Et croit, de par ses biens, me voir à ses genoux...
Misérable! à jamais une ombre est entre nous...
Ton fils t'aime toujours, ne crains pas, ô ma mère!
Mais Paul ne doit jamais connaître ce mystère.
S'il savait que mes droits prévalent sur les siens,
Il oublierait ses droits sans profit pour les miens;
Son courage d'emprunt, terrassé par la brigue,
Ne saurait disputer sa fortune à l'intrigue...
Car il en est ainsi, toujours; un sort fatal,
Pour les mauvais instincts, semble créer le mal
Jusque dans les trésors que leur bonheur exige...
Oh! c'est un châtiment que le ciel leur inflige!
Homme, tu fus mauvais, enivré de ton moi,
Tu n'eus jamais de cœur pour d'autres que pour toi;
Eh bien, regarde-toi sur la fin de ta vie.
Qui consent à te voir? L'égoïsme et l'envie.
Qui te donne la main jusqu'à l'éternité?
Veux-tu savoir son nom? c'est la cupidité!
Oh! cachons bien à Paul, et tout ce que je pense,
Et ce qui me rattache à cette âpre existence.

(Entre Louise.)

SCÈNE V

VALENTIN, LOUISE.

LOUISE.

Comment! vous êtes seul, Valentin?

VALENTIN.

A l'instant/
Paul vient de me quitter.

LOUISE.

J'écoutais un moment,
En n'entendant plus rien, ni sa voix ni la vôtre;
Je pensais ne trouver ici ni l'un ni l'autre...
J'étudiais un peu ce morceau que demain
Vous me ferez chanter.

VALENTIN.

Pour moi, je suis certain
Qu'il aura dit par vous quelques beautés nouvelles.

LOUISE.

Voulez-vous donc encore reprendre nos querelles?
Vous les aimez donc bien?

VALENTIN.

Votre vocation
Me frappe, voilà tout; la réputation
A votre beau talent serait bientôt acquise...
Que voulez-vous? j'y tiens, j'y vois pour vous, Louise,
Un avenir que rien ne pourra remplacer,
Et dans lequel au moins je pourrais vous lancer.

LOUISE.

Non, Valentin, merci.

VALENTIN.

Vous ne voyez, je pense,
En cette offre d'ami, nul mot qui vous offense?

LOUISE.

Oh! mon ami!

VALENTIN.

Pourquoi me refuser, alors?
Pourquoi ne pas cueillir le fruit de vos efforts?
Car, Louise, j'ai vu que depuis trois années
Votre temps s'est rempli d'études obstinées...
Depuis l'heure où l'amour fit de Paul votre amant,
Le désir de savoir devint votre tourment...
Le hasard, qui fut seul tuteur de votre enfance,
Vous avait plus donné d'attraits que de science,
Plus d'esprit naturel que de talents acquis...
Vous traitâtes l'amour comme un pays conquis;
Paul, de tous vos désirs devenu tributaire,
Se fit auprès de vous grand universitaire...
Gouverna vos travaux, dirigea votre goût...
Le succès fut complet, mais ce n'était pas tout...
Vous aimiez la musique, elle était votre rêve;
Mon amitié pour vous vous rendit mon élève...
Et je le dis, Louise, en toute vérité,
Nul de ceux que j'ai faits n'a si bien profité...
Et pourtant il en est qu'avec orgueil je nomme.
Croyez-moi, mon enfant, oui, croyez-en un homme
Qui sait apprécier les degrés du talent...
Vous avez dans le vôtre un avenir brillant.

LOUISE.

Je crois... en admettant que ce talent existe...
Que vous m'avez jugée un peu trop en artiste...
Et je vous le pardonne... Amoureux de votre art,
A qui vous, comme moi pupille du hasard,

Vous devez un beau nom, que partout on acclame,
Vous voyez en lui seul le grand moteur de l'âme...
Il en est un plus grand, Valentin : c'est l'amour.
Ce désir de savoir, ces soins, qui chaque jour
Apportaient dans mon être une métamorphose...
Lui seul a tout conduit. — C'est une étrange chose,
Allez, qu'un sentiment nous puisse ainsi changer !...
Hors mon humble travail, tout m'était étranger ;
Dans la sphère où j'ai vu s'écouler mon enfance
J'avais tout ignoré, jusqu'à mon ignorance...
J'aimai Paul... et l'éclair jaillissant de mon cœur
Jeta sur mon esprit sa splendide lueur.
Pour la première fois dans ce moment suprême
Je me vis... et dès lors j'eus honte de moi-même.
Mon passé s'effaça devant mon avenir...
J'aimais ! j'étais aimée !... et pour mieux retenir
Ce bonheur, qui déjà me donnait des alarmes,
Je voulus à l'amour ajouter quelques charmes.
Ne vous étonnez pas si mes premiers essais
Furent si promptement couronnés de succès ;
Paul, en les dirigeant, me rendait tout facile...
Pouvais-je à ses leçons ne pas être docile,
Quand son amour pour moi, grandissant par degrés,
Semblait être le prix offert à mes progrès ?...
Oh ! s'il l'avait voulu ! pour cette récompense
Ç'aurait été trop peu que toute la science ;
J'aurais fait un miracle !... aussi, lorsque plus tard,
Appréciant ma voix digne des soins de l'art,
Il m'offrit, m'imposant de nouvelles études,
Le moyen de garder ces chères habitudes,
D'ajouter un lien de plus à mon bonheur...
Combien je fus heureuse ! une nouvelle ardeur
Aussitôt m'emporta vers le but de son rêve...
Le maître fut changé ; mais toujours son élève,

Vos éloges flatteurs, vos applaudissements,
Pour moi ne valent pas ses encouragements...
Vous tenez le flambeau qui me guide et m'éclaire,
Mais ce flambeau s'allume au désir de lui plaire ;
Son baiser, son regard, son approbation,
Renferment le secret de ma vocation...
Et si dans ce dessein sa volonté persiste,
Il m'eût faite savante... il peut me faire artiste.

VALENTIN.

L'amour ! toujours l'amour !... Vous me viendrez plus tard.

LOUISE.

Oh ! puissiez-vous mentir !
(Entre Camille.)

SCÈNE VI

LOUISE, VALENTIN, MATHILDE.

MATHILDE, toilette fort élégante. Entrant vivement et courant
à Louise.
Louise !
(Elle aperçoit Valentin, et fait un geste de désagréable surprise.
A Valentin d'un ton froid et cérémonieux.)
Le hasard,
En vous offrant à moi, vraiment me favorise...
Vos succès m'ont charmée et ne m'ont pas surprise,
Valentin, je savais que vous seriez un jour
Un homme de talent.
(Silence de Valentin. Mathilde, légèrement embarrassée de cet ac-
cueil, se retourne vers Louise.)
J'arrive sans détour...
En dépit du tyran qui m'a jugée indigne
De pénétrer céans, je force la consigne...
(Silence de Louise.)

VALENTIN, à part.

Que vient donc faire ici cette femme?

MATHILDE, embarrassée, à Louise en l'emmenant loin de Valentin.

Oui, c'est moi...
Tu ne m'attendais pas... mon amitié pour toi
Peut seule me fournir une cause assez forte
Pour me faire risquer de frapper à la porte,
Malgré l'ordre formel qu'on m'a signifié.

LOUISE.

En effet, Paul...

MATHILDE.

Ton Paul de moi s'est méfié...
Oh ! je n'ai pas encore oublié son injure.

LOUISE.

Si tu veux le blâmer, cesse, je t'en conjure.
Tu sais que je l'ai fait le maître de mon sort,
Et que je l'aime trop pour qu'il puisse avoir tort.

MATHILDE, avec ironie.

C'est gracieux pour moi ! charmante confidence !

LOUISE.

Puisque je te revois malgré cette défense,
Mathilde, rappelons plutôt nos souvenirs.
Revenons, si tu veux, à nos premiers plaisirs ;
Si pour nous le présent n'a rien qui nous rallie,
Nous avons un passé que jamais on n'oublie :
Ce sont nos premiers ans, leurs travaux et leurs jeux..

MATHILDE.

Merci ! ces souvenirs sont aujourd'hui trop vieux,
Et le passé n'est pas vers toi ce qui m'attire...
J'ai des choses beaucoup plus graves à te dire,
Si, malgré Paul, tu veux m'écouter un moment.

LOUISE.

Dis-les.

MATHILDE.

Eh bien, on veut t'enlever ton amant...
On veut le marier... j'ai voulu te l'apprendre...
C'était le seul moyen de t'aider à défendre,
S'il en était besoin, ton amour menacé.

LOUISE.

Mais d'où sais-tu cela?

MATHILDE.

N'importe... je le sai;
Cet avis m'est venu d'une source certaine.

LOUISE.

Encore, dis-moi donc...

MATHILDE.

Non, ce n'est pas la peine...
Rien ne prouve que Paul y veuille consentir,
D'ailleurs; mais il est bon toujours de t'avertir.

LOUISE.

Paul m'aime, j'en suis sûre, et je crains peu l'épreuve.

MATHILDE.

J'en serai sûre aussi quand j'en aurai la preuve...
Comme toi je crois bien à sa fidélité;
Mais ne t'endors pas trop dans la sécurité.
Quelque grand dans un cœur que soit notre avantage,
Nous luttons rarement contre un beau mariage;
La dot est bien terrible, et les plus grands amours
Contre un pareil assaut résistent peu de jours...
Profite de l'avis qu'entre nous je te donne.
Adieu, Louise!

LOUISE.

Adieu!

(Mathilde sort en passant devant Valentin, qu'elle salue sans que
celui-ci lui réponde.)

SCÈNE VII

LOUISE, VALENTIN.

VALENTIN.

Son audace m'étonne.
Qu'avait-elle pour vous?

LOUISE.

Rien de bien important...
Votre accueil glacial l'a frappée un instant;
Vous l'avez mal reçue.

VALENTIN.

Oh! c'est vraiment dommage!

LOUISE.

Autrefois, Valentin, vous lui rendiez hommage...

VALENTIN.

Avec certaines gens on a pu se lier;
Mais ce qu'on fait de mieux est de les oublier...
Et c'est ce que j'ai fait... une semblable femme
Ne vaut pas un regret.

LOUISE.

Pour elle je réclame.

VALENTIN.

Prétendriez-vous donc la réhabiliter?

LOUISE.

Oh! non! j'essayerais en vain de le tenter.
Il est certains degrés d'où la femme qui tombe,
Ne peut se relever qu'au delà de la tombe,
Car Dieu vaut mieux que nous, et Mathilde en est là,

VALENTIN.

Eh bien! je vous attends, Louise, après cela...
Concluez, s'il se peut, est-elle ou non blâmable?
Espérez-vous en faire une femme estimable...
Une femme qu'on puisse enfin vous comparer?. .
Si le cœur, si l'amour a pu vous égarer,
Le monde, en vous blâmant, a dans sa conscience
Un instinct qui pour vous le pousse à l'indulgence...
Mais pour une Mathilde on n'a que du mépris...
C'est tout ce qu'elle vaut.

LOUISE.

     Je n'ai pas entrepris
De réhabiliter en rien son caractère ;
Mon ami, près de vous je n'en fais pas mystère,
Elle ne m'est plus rien ; mais en elle je vois
Ma compagne d'enfance, un bonheur d'autrefois...
Non, ce n'est plus sa voix d'autrefois qui m'appelle...
Et cependant je crois la retrouver en elle.
Combien elle a changé, pauvre fille! jadis
Comme elle embellissait nos fêtes des jeudis,
Lorsque, pour un instant au travail infidèles,
L'heure de liberté nous apportait des ailes!...
Ah! comme elle savait, maîtresse de nos jeux,
Les diriger toujours! son esprit hasardeux
Pouvait tout deviner, tout prévoir, tout comprendre;
De son génie actif concevoir, entreprendre,
Réussir, d'un seul jet s'élançaient vers le but...
Quelle force annonçait un semblable début,
Si l'amour, un instant, vivifiant son âme,
En elle eût fait germer les instincts de la femme!...
Vous fûtes son amant comme Paul est le mien,
Le premier, et je sais qu'elle vous aimait bien...
Que n'étiez-vous un Paul, elle serait encore

Ce que vous m'accordez et ce dont je m'honore,
Digne de l'indulgence et d'un noble pardon.

VALENTIN.

L'ai-je donc corrompue? Ah! Louise, allons donc!
Vous ne pouvez penser rien de ce que vous dites..

LOUISE.

Non, vous n'avez pas su comprendre ses mérites,
Voilà tout; vous n'avez aimé que sa beauté...
Votre amour-propre a fait naître sa vanité;
Et je ne fais appel ici qu'à la justice,
Peut-on trouver l'amour où l'on a mis un vice?
Mathilde alors, pour vous, bientôt n'eut plus d'amour;
Briller, pour elle, fut le soin de chaque jour.
Vous aviez attiré tous les regards sur elle;
Le suprême bonheur lui parut d'être belle.
Vous vous montriez fier des traits de son esprit;
Bientôt, pour l'enrichir, son cœur qu'elle appauvrit,
A peine retrouva quelques rares parcelles
Du feu que son esprit jetait en étincelles...
Nous sommes ainsi, nous; notre premier amant
Décide notre sort; pour Mathilde, un moment,
La vie avait deux lots, excusable ou funeste;
Vous vous êtes trompé; d'autres ont fait le reste.

VALENTIN.

Vous plaidez à merveille, et pourtant c'est en vain;
La cause est trop mauvaise, à demain.

LOUISE.

A demain.

II

Un jardin avec quelques siéges, à droite du spectateur un bâtiment
dont la porte est censée communiquer à un salon, et par laquelle
les personnages opèrent leurs entrées et leurs sorties.

—

SCÈNE PREMIÈRE

VALENTIN, PAUL, entrant ensemble.

PAUL.

Le succès te poursuit! la gloire t'accompagne!
Ah! je le sens, ami, la vanité me gagne...
Oui, je suis fier de toi! Comme dans ce salon,
Tout à l'heure, on s'émut en apprenant ton nom!
Comme tous les regards, fixés sur ton passage,
Cherchaient à retenir les traits de ton visage!...
Pour moi, ce doux concert de murmures flatteurs,
Tout cet empressement de tes admirateurs,
Ce sourire d'accueil entr'ouvrant chaque lèvre...
Tout cela, mon ami, pour moi, c'était la fièvre...
Je tremblais... j'entendais la voix de l'amitié
De cette ovation me donner la moitié,
Et, plus heureux que toi, je criais en moi-même:
C'est lui, c'est Valentin! admirez-le! je l'aime!

VALENTIN.

Mon cher Paul !

PAUL.

Et mon oncle, il était empressé
Près de toi ; je l'ai vu, quand tu fus annoncé,
D'un regard bienveillant, caresser ta venue...
Il a même, oubliant sa grave retenue,
Un instant descendu des sublimes hauteurs
Pour s'unir au concert de tes admirateurs...
Ah ! c'est bien ! avec lui je me réconcilie...
Assez facilement, tu le sais, moi j'oublie.
Eh bien, dans ce moment, certaine émotion
Qu'a provoquée en lui ton apparition,
M'a fait presque oublier son... étrange nature...

VALENTIN.

Tant mieux, mon Paul, j'y vois une heureuse aventure.
Puisse cet incident te rapprocher de lui,
En dissipant un peu la froideur et l'ennui
Que son orgueil blessé te reproche sans cesse !...
Maladroit par instinct, l'instinct fait ton adresse ;
Cependant, tu peux tout, mais il te faut vouloir,
Et cela seul te manque.

PAUL, gaiement.

Il me faudrait avoir
Le pouvoir de vouloir... science difficile,
Sans laquelle, pourtant, on n'est qu'un imbécile,
Il est vrai ; mais enfin, mon instinct, aujourd'hui,
Me parle pour mon oncle et me pousse vers lui...
D'après toi, je pourrai tout ce qu'il voudra faire...
Qu'il marche, j'y consens, puisque c'est son affaire.
Plaisanterie à part, je me sens en humeur
De pouvoir au salon paraître avec honneur...

Je suis content de moi, tout ce monde m'enchante...
Il t'a si bien reçu... pour peu que l'on te chante,
Et que le crescendo des applaudissements
Aille... comme il le doit, jusqu'aux trépignements...
De mon oncle, ce soir, mon esprit sera digne...
Ami, pardonne-moi, je m'enivre à ta vigne !

VALENTIN.

N'en prends pas jusqu'au point de perdre la raison.

PAUL.

Sois tranquille ; après tout perdrais-je beaucoup ? Non ;
Elle n'est pas toujours si bonne conseillère
Que tu crois ; parfois même elle est un peu trop fière,
Pour le prix qu'elle vaut. On la met en avant
Comme ayant un grand poids ; mais, mon cher, bien souvent
On sent dans ses discours la passion humaine
Comme on voyait l'orgueil sous les trous d'Antisthène.
Nous sommes bien trop loin pour que la vérité
Arrive jusqu'à nous sans ambiguïté...
Qui nous éclairera ? Sera-ce la science ?
Sera-ce la raison ? Non, c'est la conscience,
C'est l'instinct, c'est le cœur... S'il peut nous égarer,
Nous sommes sûrs, au moins, qu'il peut tout réparer.
Et c'est bien consolant. A lui seul je me fie !
Le cœur, ô mon ami, c'est ma philosophie,
C'est ma religion, c'est mon guide !... A présent
Il me dit que mon oncle, accessible au talent,
Par toi peut ressentir toute son influence...
Eh bien ! je sens en moi naître un peu d'indulgence...
La raison n'est pour rien dans ma conversion...

VALENTIN.

Tais-toi, voilà ton oncle...

PAUL.

Ah diable ! Attention !

3.

SCÈNE II

VALENTIN, PAUL, L'ONCLE DE PAUL.

L'ONCLE, entrant, à Paul, d'un ton sec.

Madame de Gencey vous cherchait tout à l'heure,
Paul, où donc étiez-vous ? C'est comme par gageure,
Lorsque l'on vous demande, on ne vous voit jamais.

PAUL.

Mais, j'étais là sans doute, avec Valentin.

L'ONCLE.

Mais...
Mais... ce n'est pas ici que vous devriez être...
On vous cherche au salon, tâchez donc d'y paraître.

PAUL.

C'est un fait que l'on m'a rarement reproché ;
D'ordinaire je suis assez peu recherché
Pour pouvoir, à l'écart, rester quand je désire...

L'ONCLE.

Je le sais ; mais on a quelque chose à vous dire.
Madame de Gencey veut s'occuper de vous,
Nous en avons causé tout à l'heure entre nous.
Son projet me sourit, je crois qu'il doit vous plaire...
Voyez à lui parler.

PAUL.

Je vais vous satisfaire.
Et pourrais-je savoir ce qu'elle veut de moi ?

L'ONCLE.

Elle vous le dira.

PAUL.

C'est probable.

VALENTIN, bas à Paul.

Tais-toi.

PAUL.

Oh! devant Valentin vous pouvez me le dire,
Je ne lui cache rien.

VALENTIN, bas à Paul.

Tu me mets au martyre !

(Haut.)

Va-t'en donc, mon ami, tu le sauras toujours.

PAUL.

C'est vrai, mais j'aime mieux les chemins les plus courts.
Mon oncle sait pourquoi cette dame m'appelle,
Je l'apprendrais de lui tout aussi bien que d'elle...

L'ONCLE.

Vous fait-elle donc peur ?

PAUL.

Je la connais fort peu,
Et j'aurais préféré...

L'ONCLE.

Vous êtes mon neveu ;
Ce titre, contre vous, est une sauvegarde ;
Faites de votre mieux, le reste me regarde.

PAUL à Valentin, qui le reconduit vers la porte de sortie.

Oh! ma pauvre indulgence !

VALENTIN, à demi-voix.

Oui, mon opinion
Est qu'il faut, entre vous, mettre un trait d'union,
Sans quoi...

PAUL, de même.

Fais, si tu peux ; pour moi, j'en désespère.

VALENTIN, de même.

J'y vais tâcher.

L'ONCLE, regardant sortir Paul.

Quel sot ! Ah ! c'est bien tout son père.

SCÈNE III

L'ONCLE, assis, VALENTIN.

L'ONCLE.

Paul est de vos amis ?

VALENTIN.

Oui, monsieur, le meilleur...

L'ONCLE.

Vous entendez par là qu'il est le moins railleur,
N'est-ce pas ? qu'il possède une bénévolence
Digne de faire envie à la première enfance ?...
Oui, c'est un bon garçon...

VALENTIN.

Je ne dis pas cela,
Pour moi, Paul n'a jamais été cet homme-là...
Je conviens qu'en effet il a peu vu le monde,
Qu'il en ignore tout, les mœurs et la faconde ;
Qu'il n'a, pour y briller, nul talent d'apparat ;
Mais Paul est un savant.

L'ONCLE.

Le triple doctorat...
Je sais... il m'en a dit ce matin quelque chose.
Eh bien, pour un savant, savant à triple dose,

Il est bien innocent... c'est un pauvre garçon
Fait pour courir toujours de leçon en leçon...
Dans le monde, avec moi, j'ai voulu l'introduire,
J'ai pu croire un instant qu'il pourrait se produire ;
Mais c'est chose impossible à sa naïveté...
Aujourd'hui, je pourrais, dans l'université,
Lui trouver des appuis qui, pour moi, voudraient fair
Qu'il obtînt promptement les honneurs d'une chaire
Mais je ne puis vraiment user de mon pouvoir.

VALENTIN.

Vous ne pouvez pourtant douter de son savoir ;
Vous-même, en ce moment, mettez en évidence
Que ses titres ne sont acquis qu'à la science.

L'ONCLE.

La logique est serrée, en vous elle me plaît...
Vous êtes, je l'avoue, un homme bien complet,
Vous joignez au génie un esprit assez rare.

VALENTIN.

Trop généreux pour moi, vous êtes trop avare
Pour Paul, pour mon ami ; vous lui refusez tout.
    (A part.)
O Paul, tu me dois bien, mais j'irai jusqu'au bout.

L'ONCLE.

Laissez là votre ami ; sa trop faible nature
Pour le premier hasard le réserve en pâture.

VALENTIN.

Ne pouvez-vous pour lui devenir ce hasard ?

L'ONCLE.

L'ambition lui manque.

VALENTIN.

      Elle viendra plus tard.

Combien d'esprits craintifs voyons-nous en arrière,
Qui s'élancent au but une fois en carrière !
L'obstacle était, pour eux, dans le commencement...
Aplanissez l'obstacle.

L'ONCLE, se levant.

Ah ! Valentin, vraiment

Il faut vous admirer. On ne peut mieux défendre
Un malheureux parti... c'est justice à vous rendre.
Pour les coureurs douteux vous aimez parier...
C'est généreux. Tenez, je veux le marier :
Une femme à choyer et peu de chose à faire,
Voilà ce qu'il lui faut, c'est toute son affaire,
Le reste lui viendra, peut-être, un peu plus tard,
S'il veut bien le chercher, ou s'il plaît au hasard...
Madame de Gencey maintenant s'en occupe...
Et s'il peut réussir, il ne sera pas dupe.
La jeune fille aura cent mille francs comptant,
Pour lui, je donne un bien qui représente autant...
C'est mon neveu, je dois songer à sa fortune...
Puisque son père enfin n'a pas su s'en faire une...
Je ne crois pas qu'il soit déjà si malheureux.
J'aurais voulu, pour lui, faire un jour beaucoup mieux ;
Mais si je n'en fais rien, Paul est un trop grand sage
Pour n'être pas content des débris du naufrage...
Ah ! pourquoi n'est-il pas un homme comme vous,
Valentin ! sa fortune aurait fait des jaloux.

VALENTIN.

Et vos conditions sont dans ce mariage ?

L'ONCLE.

Toutes ; il me convient, vous connaissez l'adage :
Aide-toi... non le ciel... mais l'oncle t'aidera.
J'ai tout lieu de penser qu'il se décidera...
La jeune fille est bien, son esprit est passable...

Auprès du sien surtout ; sa famille est notable ;
Tout cela réuni doit dépasser ses vœux...
Je le répète encore, il n'est pas malheureux...
Finissons-en avec cette pauvre cervelle.
La France voit en vous une étoile nouvelle ;
Valentin, vos succès vous ont placé trop haut
Pour qu'elle soit longtemps avec vous en défaut ;
Certes, vous méritez qu'elle vous récompense.

VALENTIN.

Je ne vous comprends pas.

L'ONCLE.

Je prends un peu l'avance,
J'aurais dû n'en parler que le brevet en main ;
Mais la chancellerie en finira demain,
Et j'aurai le plaisir de vous l'offrir moi-même...

VALENTIN.

(A part.)
Mais... O Paul !

L'ONCLE.

Qu'avez-vous ? quelle surprise extrême !
Cet honneur est par vous justement mérité...
Ce n'est pas vous, c'est moi qui l'ai sollicité...
Je l'ai dit, on le sait, nul ne vous le conteste,
Vous serez honoré tout en restant modeste.

VALENTIN, interdit et balbutiant.

J'eus préféré peut-être attendre... que mes droits...
Mieux établis...

L'ONCLE.

Laissez à des esprits étroits
Ces hésitations que rien ne justifie,
Chez l'homme de valeur un jour les modifie.

(Avec reproche.)
J'espère que demain vous me remercierez.

(Il sort.

SCÈNE IV

VALENTIN, seul.

A ce coup mes esprits n'étaient pas préparés !
Que puis-je donc pour Paul à présent s'il refuse ?
Je n'ai plus aucun droit d'apporter son excuse...
Plus il fut bienveillant, plus il me haïra,
De sa haine sur Paul, bien sûr, retombera...
Il sait notre amitié maintenant... Ah ! que faire ?
Demain, quand il viendra, je ne pourrai me taire.
Accepter ce brevet sollicité par lui,
C'est dire je me rends, devenez mon appui,
C'est dire je consens à vous nommer mon père !...
Refuser, c'est tout rompre... Ah ! que faire ? que faire ?
Paul n'acceptera pas, mon Dieu, je le sens bien...
Il aime trop Louise. Ah ! voilà le lien
Des jeunes gens de cœur, c'est bien toujours le même :
L'amour ! tout l'avenir qui se brise au mot j'aime,
Comme si ce seul mot pouvait remplir nos jours,
Comme si la jeunesse allait durer toujours.
Essayons, toutefois, de rompre cette chaîne...
Pauvre Louise !

SCÈNE V

VALENTIN, PAUL.

PAUL, gaiement.

Enfin j'en sors... et non sans peine...

(Déclamant.)

« On avait fait des plans, fort beaux sur le papier,

« Où le chétif amour se perdait tout entier... »

(Ton naturel.)

On me les a montrés, c'était vraiment superbe...
Cent mille francs comptant, une fortune en herbe,
Une femme charmante à l'œil doux et malin...
Voilà que Sans-Souci veut garder son moulin...
Mais qu'as-tu donc, ami ? comme tu parais triste !

VALENTIN.

Je n'ai rien... Si ton oncle en son dessein persiste,
Cependant... Car je sais... nous venons d'en causer.
Que comptes-tu donc faire ?

PAUL.

Eh ! parbleu ! refuser...
Excluons l'amitié des droits de l'héritage,
J'y consens; mais l'amour exclu du mariage,
Mais ne voir dans l'hymen qu'un but intéressé...
C'est par trop... non, de moi tu ne l'as pas pensé.

VALENTIN.

Mais tu ne connais pas encor la jeune fille...

PAUL.

Si vraiment, je l'ai vue, elle est, ma foi ! gentille,
Et semble mériter de trouver un époux
Qui la prenne pour elle, au moins.

VALENTIN.

Ah ! tous les fous
Ne sont pas renfermés, mon Paul !

PAUL.

Que veux-tu dire ?

VALENTIN.

Ce que je dis, parbleu ! qu'il faut être en délire
Pour oser avancer de tels raisonnements...
Voyons, logicien, pesons tes arguments.

4

On veut te marier : alors on te présente
Une jeune personne... elle est riche et charmante...
Charmante, tu l'as dit ; riche, elle l'est pour toi
Qui n'as rien ; cependant tu n'en veux pas, pourquoi ?
C'est parce qu'elle est riche et charmante, peut-être ?

PAUL.

Mais je ne l'aime pas...

VALENTIN.

Avant de se connaître
S'est-on jamais aimé ! ne fais pas de romans.
Mon ami, si je crois aux amours foudroyants,
C'est comme exception et non pas comme usage ;
L'amour, le bon, le vrai, celui du mariage,
Qui, soit dit entre nous, se trouve rarement,
Doit aimer en époux et non pas en amant...
Voilà-t-il pas vraiment un mot de résistance :
Mais je ne l'aime pas ! à moins d'aimer d'avance,
Tu ne la peux aimer, c'est un fait bien certain ;
Mais peut-être, mon cher, l'aimeras-tu demain.
D'après ton seul avis, elle possède, en somme,
Tout ce qui peut toucher le cœur d'un honnête homme.
Ne viens donc pas ici me faire un embarras
D'un mot vide de sens : « mais je ne l'aime pas. »

PAUL.

Je ne la puis aimer, tu le sais bien toi-même.
Tu sais bien que Louise est la femme que j'aime.

VALENTIN.

Comme une maîtresse, oui ; mais penses-tu toujours
Rester enseveli dans les mêmes amours ?
Où te conduiront-ils? Faut-il que je le dise...
Je te l'ai dit déjà quand tu connus Louise,
Tes élans, qui jamais ne savent s'arrêter,
Te firent avec elle aussitôt habiter ;

Je te disais, alors, qu'un jour une rupture
Deviendrait impossible à ta bonne nature;
Je répète aujourd'hui ce que j'ai dit alors :
Si tu ne peux, en toi, trouver assez d'efforts
Pour briser maintenant ce lien qui t'enchaîne,
Pour toi tout avenir n'est plus qu'une ombre vaine;
Tes succès, tes lauriers, tes titres, ton savoir,
Oubliés ou flétris, sans force et sans pouvoir,
Fussent-ils ravivés par la veille et l'étude,
Finiront inconnus, tués par l'habitude.
Car, crois-le bien, mon Paul, ton amour passera...
Tout passe, hors le mal qui lui succédera.
Du jour où l'amour fuit, cette légère chaine,
Ces liens si charmants qu'on les devine à peine,
Ces fils entrelacés, invisibles tissus,
Deviennent tout à coup la robe de Nessus;
Ils s'attachent à nous comme à l'arbre l'écorce,
Ils sont d'autant plus forts qu'ils ont pris notre force,
Que nous n'avons contre eux que des coups énervés;
Et si tous ces beaux jours que nous avions rêvés,
Si ce bel avenir de triomphe et de gloire
Revient pour un instant peupler notre mémoire,
Irrités contre nous, nous essayons en vain
De le reconquérir; nous retombons soudain
Faibles, exténués, brisés de lassitude,
Plus rattachés encore aux fils de l'habitude.

PAUL.

Ce tableau, j'en conviens, est fait pour effrayer,
Mais pourquoi donc alors viens-tu me conseiller
D'épouser sans amour ? Dis-moi quel avantage
Je pourrai dans ce cas trouver au mariage.
L'habitude aura-t-elle un bien moindre pouvoir,
Quand à son exigence on joindra le devoir?

VALENTIN.

Mais ce qui rend surtout affreuse l'habitude,
C'est moins l'amour perdu que notre solitude.
Tu voudras arriver plus tard; l'ambition
A défaut de l'amour sera ta passion.
Loin du monde, ignoré, seul, que pourras-tu faire?
Sans aides, sans appuis, comment la satisfaire?
Pour qu'elle aille à son but il lui faut des soutiens...
Et tu n'en auras pas... Rivé dans tes liens
Qui, plus puissants que toi, te retiendront sans cesse;
Loin de toute influence, auprès de ta maîtresse,
Privé du grand appui de ces relations
Qui toujours et partout font les positions,
Tu verras s'élever tes compagnons d'enfance,
Qui, moins dignes que toi, mais forts de l'influence
Qui les aura servis, arriveront au but.
Parce qu'ils n'avaient pas d'entraves au début.

PAUL, très-convaincu.

C'est vrai ce que tu dis, merci de ta franchise;
C'est bien de m'éclairer, j'épouserai Louise.

VALENTIN.

Que dis-tu?

PAUL.

Que Louise est digne de porter
Un nom que son amour a bien su mériter.

VALENTIN.

Mais tu n'y songes pas, épouser ta maîtresse!

PAUL.

Tu connais bien pour moi jusqu'où va sa tendresse,
Tu sais qu'elle était sage avant que son amour
L'eût mise entre mes bras, et que depuis ce jour,

Depuis trois ans, son cœur toujours resté le même
M'a bien plus que prouvé l'amour le plus extrême...
Mes plus faibles désirs sont devenus sa loi.
Heureuse d'obéir, elle a quitté pour moi,
Qui pour elle craignais la fatale influence,
Toutes ses amitiés, ses compagnes d'enfance.
Morte pour tous avec son amour pour linceul,
Elle a mis son bonheur à vivre pour moi seul.
Et quels soins elle a pris de son intelligence!
Pauvre fille, élevée au sein de l'indigence,
Elle ne savait rien, mais bientôt elle apprit
Qu'une femme a le droit d'embellir son esprit,
Et tu l'as vue allant d'études en études,
De leçons chaque jour faire ses habitudes...
Toi-même tu voulus l'instruire dans ton art...
Pourquoi donc l'as-tu fait? Si je dois au hasard
La rejeter un jour, quel étrange caprice
T'a fait de tous mes soins devenir le complice?
J'agissais par instinct, sans but prémédité,
Comme je fais toujours; mais tu t'es consulté,
Toi qui n'entreprends rien sans en prévoir la suite.
Motive, si tu peux, un tel plan de conduite.

VALENTIN.

C'est facile, en effet; j'avais bien tout prévu,
Même jusqu'à ton cœur, et lorsque je t'ai vu
Cimenter ces liens avec une maîtresse,
Je craignis ton amour et ta délicatesse;
Plus en elle, pour toi, je vis de dévouement,
Plus je m'épouvantai de ce cruel moment,
Où forcé par les lois qui régissent le monde,
Sous peine de laisser ta science inféconde,
Tu serais obligé de rompre ces liens.
Je t'aimais... plus que moi, je te savais sans biens,

4.

Je savais que ton cœur si facile à surprendre
Irait jusqu'à vouloir l'épouser pour lui rendre,
Avec son innocence et son honneur perdus,
Les longs jours de bonheur que tu lui croirais dus
Je savais qu'impuissant en ce moment extrême,
N'ayant rien à pouvoir lui donner que toi-même,
Tu te serais donné... je ne le voulais pas ;
C'était une autre entrave attachée à tes pas.
Alors je préparai pour elle une carrière...
Tu lui dois, il est vrai, non pas ta vie entière,
Non pas ton avenir que je veux disputer ;
Tu lui dois un état et tu peux t'acquitter...
Voilà pourquoi je l'ai poussée à cette étude.

PAUL.

Noble ami, je rends grâce à ta sollicitude ;
Mais tu me connais trop pour ne pas bien savoir
Que je n'épouse pas Louise par devoir.
Je l'aime... non d'amour, tu l'as dit, l'amour passe,
Mais de ce sentiment parfait qui le remplace,
Calme, mais coloré des splendeurs de l'amour
Comme un beau crépuscule à la fin d'un beau jour.
Ce n'est plus sa beauté ni son esprit que j'aime,
C'est... comment te le dire, un reflet de moi-même ;
C'est ma pensée unie à bien plus de douceur ;
C'est mon cœur tout entier que je trouve en son cœur,
Mais brillant, rehaussé de tout l'éclat du prisme ;
Mais plus grand que le mien, purgé de l'égoïsme,
Rempli d'un généreux et noble sentiment
Qui pour voir le bonheur rêve le dévouement.
Tu m'as dépeint l'amour à sa décrépitude
Remplacé par le froid d'une triste habitude.
Eh bien ! je ne crains rien ; oui je me sens lié ;
Ce n'est plus par l'amour, mais c'est par l'amitié.

VALENTIN.

Et ton oncle, mon Paul, penses-tu qu'il consente?...

PAUL.

Mon oncle, il faudra bien, parbleu! qu'il se contente,
Je puis bien me passer de sa permission.
Qu'en résultera-t-il? Que ma démission
Du titre de neveu paiera mon incartade...
Tu sais comme j'y tiens.

VALENTIN.

Allons, pas de bravade,
Ta mère était sa sœur, et cette parenté
Force à quelque respect pour son autorité.

PAUL.

Des détours avec moi ! va, prends ton vrai langage,
Ton respect couvre moins l'homme que l'héritage ;
Mes intérêts vraiment te tiennent trop au cœur.
Beaucoup moins de fortune, un peu plus de bonheur,
Je n'aurai rien perdu

VALENTIN.

Mais où ton cœur t'entraîne
Sais tu ce que je vois?

PAUL.

Qu'est-ce encore?

VALENTIN.

C'est la gêne.

PAUL.

Ah ! voilà ton grand mot; nous pourrions aller loin,
Nous n'avons jamais pu nous toucher à ce point.
En effet c'est un mal qu'on a raison de craindre;
Mais si pour mon malheur il veut un jour m'atteindre,
Contre lui je puis être aussi mal abrité
Par quelques millions que par la pauvreté...

Ne le discutons pas, il n'a pas de remède ;
En vain, à le guérir la fortune nous aide,
Elle peut le combattre et le vaincre un instant ;
Mais il revient bientôt : c'est un vice du sang...
Je ne veux pas qu'ici mon oncle me retrouve,
Il viendrait me parler du projet qu'il approuve,
Il faudrait m'expliquer, et ce n'est pas le lieu
D'une explication. Ainsi, mon cher, adieu.

VALENTIN.

J'irai te voir demain.

PAUL.

Toute la matinée
Je suis à mes leçons, mais viens dans la journée...
Vers deux heures... ou mieux viens dîner avec nous,
Louise de ta main recevra son époux.
Jusque-là je promets de ne lui rien apprendre...
Chère fille ! combien nous allons la surprendre !...
Oh ! je veux que tu sois présent à son bonheur,
Au mien ; tu viendras ?

VALENTIN, rêveur.

Oui.

PAUL.

Te voilà tout rêveur ;
Tu me gardes encore un reste de rancune
D'acheter le bonheur au prix de la fortune ?

VALENTIN.

Mais l'un va-t-il sans l'autre ?...

PAUL.

Eh ! mon cher, c'est selon...
Adieu ; pour m'esquiver j'évite le salon.

(Il sort.)

SCÈNE VI

VALENTIN, seul.

Rien, je n'ai rien gagné, je n'ai pu le convaincre ;
Il est de ces esprit, que le temps seul peut vaincre
Et je n'ai pas le temps... je ne puis rien pour lui !
Demain... si j'ai demain, il va comme aujourd'hui,
Sans songer un instant aux regrets qu'il s'apprête,
Me jeter pour raison tout son cœur à la tête...
Lui, mon Paul, mon ami, si bon, si généreux,
Je le verrais un jour attristé, malheureux,
Déplorant d'autant plus son affreuse impuissance
Que dans son propre cœur elle aura pris naissance ;
Et je ne pourrai rien !... Eh bien, si, je pourrai...
Louise l'aime, eh ! bien demain je la verrai.
Si son âme est vraiment bien digne de la sienne,
Il est un dévouement qu'il faudra que j'obtienne...
Paul voudra-t-il ? au point où j'en suis arrivé,
Je n'aurai rien perdu si je n'ai rien sauvé,
Et j'apprendrai du moins dans ce dernier office
Si Louise pourra payer son sacrifice.

(Il rentre dans la maison.)

III

Chez Paul.

SCÈNE PREMIÈRE

(Louise seule, au lever du rideau, s'occupe à un travail de femme.)

LOUISE, MATHILDE.

MATHILDE, entrant.

Es-tu seule?

LOUISE, assise.

Oui; pourquoi?

MATHILDE.

C'est que le Valentin
M'embarrassait hier, et je viens ce matin
Pour te mettre au courant de tout ce qui se passe.

LOUISE.

Valentin va venir...

MATHILDE.

Encor!

LOUISE.

S'il t'embarrasse,
Tu ne peux bien longtemps prolonger ton séjour,
Car je l'attends bientôt.

MATHILDE.

Je le vois, mon retour
Te déplaît, et malgré le sujet qui m'amène,
Ma présence en ces lieux t'indispose et te gêne...
Louise, est-ce bien toi qui me parles ainsi?
Tu connais le motif qui me rappelle ici;
Ne suffit-il donc pas, pour vaincre ton scrupule?
Dans ta soumission niaise et ridicule
Vas-tu jusqu'à te faire une suprême loi
De fuir un bon conseil parce qu'il vient de moi?

LOUISE, se levant.

Si j'en suis arrivée à craindre ta présence,
C'est par conviction, non par obéissance;
Dieu sait où tu m'aurais entraînée autrefois
Si l'amour ne m'eût fait résister à ta voix;
Et sans craindre aujourd'hui de me laisser surprendre,
Je suis moins que jamais disposée à t'entendre.

MATHILDE.

Cela s'appelle au moins s'expliquer franchement!
Tu ne marchandes pas avec ton sentiment,
Et ta prévention qui se montre si forte,
Pour en finir, n'a plus qu'à m'indiquer la porte.
Fais-le donc!

LOUISE.

Libre à toi, je ne te retiens pas.

MATHILDE.

C'est bien; de cet accueil tu te repentiras...
Non de par moi, qui plains ta confiance extrême,
Mais de par ton amour.

LOUISE.

Je ne crains rien, Paul m'aime.

MATHILDE.

Oh! ce qui rend pour moi ton bonheur incertain,
C'est bien moins ton amant que ce n'est Valentin.
Tu sais quelle amitié les unit dès l'enfance,
Tu connais bien sur Paul toute son influence;
Tu sais que son esprit rempli d'ambition
Traite le sentiment comme une illusion
Qui ne peut se mêler aux actes de la vie,
Sans être de chagrins et de regrets suivie;
Et quant à son amour, qui n'est pour lui qu'un jeu,
Paul voudrait apporter l'avenir pour enjeu,
Crois-tu que sans lutter il le laisserait faire?
En lui tu trouveras ton plus grand adversaire,
Et crois bien que s'il veut rompre votre lien,
Il ne reculera devant aucun moyen.
A tout prix il voudra renverser ton empire...
Défends toi! C'est le mieux que je puisse te dire.

(Elle se dirige vers la porte, prête à sortir.)

Adieu.

LOUISE, la rappelant par un geste involontaire.

Paul! tu l'as dit, on veut le marier!
C'est donc vrai?

MATHILDE, revenant.

Quel esprit pénible à manier!
Quoi! tu n'en es que là? Ton inexpérience
T'a laissée à ce point d'être sans méfiance!
Où donc as-tu vécu pour en pouvoir douter?
Penses-tu qu'avec toi l'on daignera compter?
Venue... on ne sait d'où, comme moi; pauvre fille
Ayant à peine un nom, sans mère, sans famille,

5

Sans un être vivant qui te porte intérèt,
Tu n'as pas deviné quel sera ton arrêt !
En Valentin pourtant mon exemple l'annonce ;
Dans ce moment déjà peut-être il le prononce.
Quelle valeur as-tu dans son opinion ?
Aucune, tu n'as rien ; son opposition
Sur cette pauvreté pèsera tout entière !

LOUISE.

Mon amour...

MATHILDE, avec ironie.

    Ton amour ! n'en sois donc pas si fière !
Qu'est-ce que notre amour à nous, femmes de rien,
Qui n'avons que lui seul à donner pour tout bien ?... ·
Quand nous l'avons encor ! Car je dois reconnaître
Qu'il trouve rarement l'occasion de naître ;
Entre la dot et lui s'il faut un jour choisir,
Il n'est plus qu'un objet de luxe ou de plaisir,
Un de ces riens charmants qu'on regrette... peut-être,
Mais qu'on brise et qu'on fait sauter par la fenêtre.
Pourtant Paul, je l'avoue, est une exception :
Il ne marchera pas sans hésitation
Au but intéressé que son oncle lui montre ;
Il voudra résister, et de cette rencontre...
Si tu sais l'exploiter, peut surgir ton bonheur.

LOUISE, avec répugnance.

L'exploiter ! Oh ! tu mets le doute dans mon cœur,
Pour la première fois je le sens qui m'oppresse.
Paul m'aime, mais enfin que suis-je ? Sa maîtresse.
Tout m'effraye à présent ; son oncle, Valentin
Lui-même, je crains tout ; mon malheureux destin
Dont tu m'as retracé l'image désolante
Devant moi maintenant se dresse et m'épouvante.
Oh ! Mathilde, est-il vrai qu'on veut me l'enlever ?

MATHILDE.

Sans doute ; mais pourquoi, quand tu peux tout sauver,
T'épouvanter ainsi ? Cesse donc de te plaindre,
Le mal que l'on connaît n'est pas le plus à craindre ;
C'est pourquoi malgré tout j'ai voulu t'avertir.

LOUISE.

Oh ! Paul à me quitter pourra-t-il consentir ?

MATHILDE.

Je l'ai dit, il se peut que son esprit balance ;
De Valentin alors écarte l'influence,
Brouille-les, il le faut, pas de ménagements...
Ce devrait être fait déjà depuis longtemps.

LOUISE.

Que dis-tu ? quand pour lui Valentin est un frère !
Je ne le voudrais pas quand je pourrais le faire ;
Je sais trop que pour Paul une telle amitié
Remplace la famille...

MATHILDE.

     Ah ! tu me fais pitié
Avec tes sentiments et ta délicatesse !
Ton plus grand ennemi, c'est ta propre faiblesse ;
Autant que Valentin elle est à redouter.
Si tu suis mon conseil, si tu sais profiter
Du mal que l'on ressent à ce moment suprême
Où l'on doit s'arracher à la femme qu'on aime,
Ton bonheur est certain ; bientôt, à tes genoux
Ton amant plus épris deviendra ton époux.
Mais pour Dieu laisse là la raison timorée
Qui devant ton amour rend l'amitié sacrée ;
Paul ne peut être à toi que par l'isolement ;
S'il garde son ami, renonce à ton amant,

LOUISE, à elle-même.

Moi sa femme...

MATHILDE, très-insinuante.

D'ailleurs ta craintive nature
A tort de s'émouvoir d'une telle rupture;
La rigueur s'éteindra sur le fait accompli,
Et bientôt, chacun d'eux la mettant en oubli,
Heureux de recourir à son ami d'enfance,
Dans son cœur trouvera le pardon à l'offense.

LOUISE, ébranlée.

S'il était vrai!

MATHILDE.

Mon Dieu! n'en prends pas de souci,
Entre amis tous les jours cela se passe ainsi;
Les hommes ont sur nous cet immense avantage
Que sur leur amitié l'amour n'est qu'un nuage;
Où la nôtre s'éteint, la leur brille toujours;
Et si pour un instant nous entravons son cours,
Elle reprend bientôt dans sa splendeur première
Le cours interrompu de sa longue carrière...
Nous! pouvoir à jamais séparer deux amis!
C'est à l'intérêt seul que ce soin est remis...
Tu n'as pas contre toi besoin de les défendre.

LOUISE.

Oh! Mathilde, tais-toi; je ne veux plus t'entendre;
Du fiel que tu répands le funeste poison
Menace malgré moi d'ébranler ma raison.
Où donc as-tu puisé cette froide ironie
Qui semble se jouer avec l'ignominie?
Arrivée à ce point de te trouver si bas,
Tu contemples ton sort et tu n'en rougis pas!

MATHILDE.

Si tu le prends ainsi, je n'ai plus rien à dire;

Je t'ai vue en péril, j'ai voulu t'en instruire.
Ton amour menacé m'imposait le devoir
De t'apprendre à quel prix il aurait le pouvoir
De fixer pour toujours ta plus chère espérance.
Je l'ai fait, et le cri de mon expérience
Au lieu de t'éclairer a révolté ton cœur...
Puisses-tu bien longtemps conserver ton erreur !
Puisses-tu n'avoir pas besoin de ton courage
Pour supporter le coup d'un rude apprentissage ?
Le cœur et la raison vont jouer ton destin...
Crois-en Paul ; mais surtout écarte Valentin.
C'est là mon dernier mot... Pourtant, quoi qu'il advienne,
Souviens-toi que toujours ma maison est la tienne,
Et que si je n'ai pu protéger tes amours,
Tu me retrouveras encore aux mauvais jours.

(Elle va pour sortir ; arrivée à la porte du fond par laquelle elle est
entrée, elle revient en scène)

J'aperçois Valentin qui franchit l'avenue,
Il vient.... je ne ne veux pas m'exposer à sa vue.
Puis-je sortir d'ici sans qu'il me puisse voir ?

LOUISE, lui désignant d'un air indifférent et distrait une porte à
gauche.

Oui, par là, si tu veux.

MATHILDE se dirige vers la porte qu'elle tient entr'ouverte.
A part.

Si je pouvais savoir
Ce qui va se passer ; de là je puis entendre...
Qu'ai-je à craindre, après tout ? et s'il faut la défendre,
Au moins je serai là prête à la soutenir.

(Haut.)   (A part.)

Louise, souviens-toi ! Valentin peut venir.

(Elle disparaît et laisse la porte entr'ouverte.)

5.

SCÈNE II

LOUISE, seule.

Aurait-elle raison? oh! non, c'est impossible!
De Valentin pourtant l'insistance est visible...
Le voilà...

SCÈNE III

LOUISE, VALENTIN.

VALENTIN entrant, à part.

Pauvre fille!

LOUISE, à part.

Oh! je veux tout savoir!

VALENTIN, à part.

Tais-toi, mon cœur, tais-toi, j'accomplis un devoir.

LOUISE.

Par des mots odieux qui m'ont bouleversée
Mathilde a contre vous prévenu ma pensée;
Je sais qu'elle vous hait, je sais encore mieux
Qu'elle a pour toute chose un scepticisme affreux
Et que le bien ne trouve en son âme flétrie
Que les échos du doute et de la raillerie;
Et pourtant malgré moi rapprochant ses discours
De certains mots de vous qui me blessent toujours,
Sur votre amour pour elle appelant ma mémoire,
Je doute, Valentin, et suis prête à la croire.

VALENTIN.

Je ne vous comprends pas, Louise, expliquez-vous.
Quels rapports peut avoir cette femme avec nous?
L'avez-vous donc revue?

LOUISE.

Oui.

VALENTIN.

Quand?

LOUISE.

Là, tout à l'heure.

VALENTIN.

Quel intérêt peut donc la pousser à cette heure?
Mathilde est revenue ici malgré l'accueil
(A part.)
Qu'elle a reçu de vous? Quelque nouvel écueil
(Haut.)
Menace Paul sans doute Et vous l'avez reçue?

LOUISE.

Je ne le voulais pas; par trop souvent déçue,
J'ai perdu cet espoir que j'avais autrefois
De lui voir abjurer ses fautes à ma voix;
Mais, persistant malgré mon refus de l'entendre,
En dépit de moi-même elle a voulu m'apprendre
Qu'en vous, vous qu'après Paul je crois mon seul ami,
Je trouverais bientôt mon plus grand ennemi.

VALENTIN.

Moi, Louise! Jamais!

LOUISE.

Oh! ce mot me rassure...
Elle disait pourtant... mais c'est faux, j'en suis sûre,
Que pour tout mon amour vous n'aviez que mépris,
Que peut-être déjà vous aviez entrepris

D'arracher aux liens d'un funeste esclavage
Mon Paul à qui l'on offre un brillant mariage...
Mais c'est faux, n'est-ce pas? bien sûr elle mentait;
En votre nom c'était elle qui m'insultait?
Ah! dites, mon ami, parlez avec franchise.

VALENTIN.

Hors les mots insultants, le reste est vrai, Louise.

LOUISE.

Mais Paul, Paul?

VALENTIN.

       Il vous aime; et loin de le blâmer
D'un goût, que tout en vous a su légitimer,
Je doute, et je le dis ici du fond de l'âme,
Qu'il possède jamais une plus digne femme;
Mais, répondez, peut-il devenir votre époux?

LOUISE.

Un autre répondra, Valentin, et c'est vous,
Vous qui m'avez, un jour d'intime confidence,
Parlé de votre mère et de votre naissance...
Ah! votre cœur alors autrement s'exprimait,
Elle était digne aussi de celui qu'elle aimait,
Votre mère; pourtant elle fut délaissée,
Et par ce souvenir votre âme blessée,
Après trente ans n'avait pu trouver un pardon
Pour celui qui l'avait livrée à l'abandon...
A vos yeux aujourd'hui n'est-il donc plus coupable?

VALENTIN.

Le fait que vous citez n'est au vôtre semblable
Ni dans ses précédents, ni dans ses résultats :
Ma mère avait un fils; vous, vous n'en avez pas,
Et ce devoir sacré, dont rien ne nous dispense,
Entre cet homme et Paul met toute la distance

Qui sépare à jamais le vice de la raison.
N'établissez donc pas une comparaison
Entre ma mère et vous ; un seul point vous rapproche :
La faute, que l'amour exempte du reproche
Quand le cœur, seul coupable, a longtemps combattu,
Et n'a pas déserté l'amour de la vertu.
Cela seul est commun entre elle et vous, Louise...
Ma mère ! elle pouvait, pleurant la foi promise,
Et dans son abandon gardant sa dignité,
Faire rougir celui qui, par sa lâcheté,
Avait fait retomber sur elle, pauvre fille,
La malédiction de toute sa famille.
Mais entre vous et Paul il n'en est pas ainsi ;
Vous ne lui pouvez rien reprocher, Dieu merci !
Il ne vous a jamais fait aucune promesse
Qui dépassât, pour vous, le titre de maîtresse,
Et sans remords il peut, en toute liberté,
Sacrifier l'amour à la nécessité...
Mais pourquoi venez-vous me parler de ma mère ?
Pourquoi réveillez-vous une pensée amère
Qui trouble ma raison et me fait oublier
Que je ne viens à vous que pour vous supplier ?

LOUISE.

Vous, mon ami, pourquoi ?

VALENTIN.

       Pardonnez-moi, Louise ;
Un cœur comme le vôtre exige la franchise,
C'est là le seul moyen qui soit digne de lui.
Oui, Paul vous aime et veut vous prouver aujourd'hui
Tout ce qu'à son amour vient se joindre d'estime,
En vous offrant lui-même un lien légitime...

LOUISE, après un moment d'attente.

Vous n'avez pas tout dit, pourquoi vous arrêter ?

Je tremble... mon bonheur qui voudrait éclater,
Retenu malgré moi, déchire ma poitrine...
Ah ! vous n'achevez pas, Valentin... je devine...
Son oncle, n'est-ce pas?... ne me cachez plus rien...
Dites-moi tout... Paul m'aime ! Ah ! je le savais bien !
Il faudra différer pour quelque temps peut-être ?
Ah ! je brûle... parlez... faites-moi tout connaître...

VALENTIN.

Il faut rompre, et c'est là ce que j'attends de **vous**...

LOUISE.

Moi, refuser que Paul devienne mon époux !
J'aurais en mon pouvoir cette joie ineffable
D'être sa femme un jour, sa femme véritable,
De posséder son nom, et je refuserais !...
Oh ! tenez, Valentin, jamais je ne pourrais !
Lorsque trois ans, sans cesse accueillie ou chassée,
Cette espérance fut mon unique pensée ;
Lorsque depuis l'instant où son amour m'a lui,
Mon seul rêve fut d'être un jour digne de lui,
Au moment où je vois réaliser ce rêve,
C'est à moi, dites-vous, d'empêcher qu'il s'achève ?
Oh! Mathilde ! Mathilde ! elle avait donc raison !

VALENTIN.

Louise, je n'admets nulle comparaison
Entre Mathilde et vous ; cette femme avilie
Mon pied l'eût repoussée... et vous, je vous supplie !...
Ah ! si vous pouviez lire à présent dans mon cœur,
Vous me pardonneriez, malgré votre douleur,
En voyant les combats que l'amitié m'impose.
J'ai sondé les périls auxquels Paul vous expose ;
Vous et lui, toujours là, présents à mes regards,
Je crains de vous en voir affronter les hasards.

Et lorsque tous les deux voulez, l'âme sereine,
Vous jeter en pâture au flot qui vous entraîne,
Tout me dit: Retiens-les! ami, fais ton devoir!
Et je ne puis pourtant vous entendre et vous voir
Sans ressentir en moi ces faiblesses de l'âme
Qui font qu'en vous sauvant, je vous plains, pauvre femme.

LOUISE.

Quand le bonheur est là, pourquoi nous retenir?

VALENTIN.

Le bonheur, aujourd'hui; mais voyez l'avenir!...
Autrefois ce lien aurait été possible...
Et qui sait même encor si votre âme sensible
N'eût pas payé plus tard, par d'éternels regrets,
Cette ivresse d'un jour, qui s'éteint par degrés
Et voit s'anéantir ses clartés les plus vives
Sous l'envahissement des choses positives?
Les risques étaient grands déjà; mais aujourd'hui
Que tout un avenir se dresse devant lui,
Si Paul peut accomplir l'union qu'il projette,
Ce n'est plus seulement aux risques qu'il vous jette;
Vous et lui, vous courez vers un malheur certain...

LOUISE.

Oh! c'est calomnier votre ami, Valentin,
Que de porter sur lui ce jugement étrange!

VALENTIN.

Paul est homme avant tout, n'en faites pas un ange;
Trop de ces purs esprits, par le cœur inventés,
Laissent leur auréole à nos réalités...
Mais voyons, que demain vous deveniez sa femme,
Son sort est décidé, le travail le réclame;
Non, ce travail heureux de la vocation
Qui suit en liberté son inspiration,
Et qui, venant chercher le bonheur dans les veilles,
Peut seul, dans son délire, enfanter des merveilles;

Mais cet âpre labeur de la nécessité
Qui lutte, au jour le jour, contre la pauvreté ;
Œuvre obscure et stérile, œuvre longue, infinie,
Qui ruine l'esprit, étouffe le génie,
Que sa monotonie entoure d'un dégoût
Dont les sombres reflets se répandent sur tout ;
Qui n'a, pour consoler celui qu'elle atrophie,
Que les pâles couleurs d'une philosophie
Froide comme la mort, la résignation...
Voilà sa vie... heureux si la réflexion
Ne vient pas à son tour, soulevant le suaire,
Lui montrer une fois ce qu'il aurait pu faire :
Louise, dès ce jour tout est perdu pour vous !
Vous chercherez en vain votre amant dans l'époux.
Vos regards inquiets, fixés sur son visage,
Attendront vainement le sourire au passage ;
Vous guetterez, tremblante, un mot venu du cœur ;
Mais ce cœur soucieux, cet œil toujours rêveur,
Restés indifférents à votre inquiétude,
Ne deviercont plus votre sollicitude ;
Ce jour-là vous verrez tout votre espoir déçu,
Car Paul se sera dit : oh ! si j'avais bien su !

LOUISE.

O mon Dieu !

VALENTIN.

      Mot navrant et fatal, qui résume
Tout ce que l'âme peut renfermer d'amertume,
Sombre exclamation des regrets superflus
Donnés à l'avenir qu'on rêve et qui n'est plus...
Vous ne l'entendrez pas ce mot ; mais sa tristesse
Sur son front abattu l'imprimera sans cesse.
Il sera là pour vous toujours comme un remords,
Car dans votre douleur vous comprendrez alors

Combien tous ces ennuis d'une étroite existence
Enervent les ressorts de notre intelligence;
Comme lui, vous verrez son avenir brisé;
Et votre amour lui-même, enfin désabusé,
Viendra vous reprocher jusques à l'injustice,
D'avoir souffert de Paul un pareil sacrifice.

(Au moment où Valentin cesse de parler, Mathilde se montre et
s'avance lentement vers Louise.)

LOUISE.

Paul malheureux un jour, lui malheureux par moi !
Oh! vous m'épouvantez, Valentin!

SCÈNE IV

MATHILDE, LOUISE, VALENTIN.

MATHILDE, à Louise.

Calme-toi ;
J'avais bien deviné qu'il faudrait te défendre!

VALENTIN.

Mathilde!

MATHILDE, indiquant l'endroit d'où elle sort.

J'étais là, j'ai voulu vous entendre...
Ma curiosité me coûte bien un peu,
Vous ne me flattez pas... mais je sais votre jeu :
Vous avez deux moyens de résoudre un problème;
Vous changez de chemin, mais le but est le même.

LOUISE.

Oh! pour Dieu, Valentin, n'allez pas soupçonner...

6

MATHILDE.

Tais-toi, sotte! et connais où l'on veut t'entraîner.
N'as-tu pas vu déjà comment, avec adresse,
On t'a placée au rang de vulgaire maitresse?
C'est faux ; mais on voulait d'abord te ravaler
Dans ton opinion, afin de t'ébranler ;
Puis on vient, suppliant, compléter ta défaite
En retirant le trait... quand la blessure est faite.

VALENTIN, colère.

De quel droit osez-vous vous présenter ici?

MATHILDE, très-calme.

Pensez-vous m'effrayer en me parlant ainsi?
Quand je me cachais là, je savais vous déplaire,
Et j'étais préparée à ce ton de colère;
Pour d'autres que pour moi gardez donc ce courroux.

(Mouvement de Valentin.)

Vous m'avez faite ainsi, de quoi vous plaignez-vous?

VALENTIN, à Louise.

Vous ne pouvez rester, retirez-vous, Louise...

MATHILDE, avec autorité.

(A Louise.)   (A Valentin.)

Reste là, je le veux! Oh! vous m'avez comprise,
Et déjà vous craignez de voir la vérité
Venir porter atteinte à votre autorité...
J'en suis fâchée, il faut qu'enfin le jour se fasse...
Pour Louise d'abord, et pour vous!

VALENTIN.

Quelle audace !

MATHILDE.

Je ne viens pas ici pour vous parler de moi...
J'eus tort de vous aimer; et la fatale loi

Qui transforme en mépris la tendresse dupée,
M'a dit, en me frappant : « Pourquoi t'es-tu trompée?
C'est ta faute. » D'ailleurs votre amour est un bien
Qu'on peut perdre aisément sans en regretter rien;
Et s'il a de mon cœur expulsé la croyance,
C'est du moins au profit de mon expérience...
Si j'ai perdu... peut-être, à coup sûr j'ai gagné...
Laissons donc à l'oubli ce fait trop éloigné;
Mais que, portant si haut l'estime de vous-même,
Vous veniez ériger votre amour en système,
Et disiez, en posant votre *nec plus ultra* :
« Ce que je ferais, moi, tout autre le fera... »
C'est par trop ! et j'admire une telle assurance !
Donc entre Paul et vous aucune différence
Ne vous a jusqu'ici frappé ? mais entre nous,
Sans être un ange, Paul vaut cent fois mieux que vous;
Qu'avez-vous fait de moi? qu'a-t-il fait de Louise?...
Ce n'est peut-être pas une mince entreprise
Que celle de détruire en vous ces préjugés...
Mais enfin nous voici, comparez, et jugez.

VALENTIN, avec ironie.

Votre amitié qui va jusques à l'héroïsme
A la honte consent à joindre le cynisme.
Pour convaincre Louise allez donc jusqu'au bout;
Ne suis-je pas là, moi, pour répondre de tout ?

MATHILDE.

Je hais, vous le savez, le rôle de victime;
Il nous amoindrit plus qu'il ne nous rend d'estime,
Et je ne me sens pas de taille à le jouer.
Je connais vos projets, je veux les déjouer,
Et ce rapprochement m'est ici nécessaire...
Qu'importe, encore un coup, ce que j'aurais pu faire
Si je fusse tombée en de meilleures mains ?

Dans la voie où je marche on n'a pas deux chemins ;
Il faut aller toujours, car celle qui recule
Sans trouver le repos trouve le ridicule,
Ou peut-être bien pis... donc je ne me plains pas...
Mais revenons à vous. Tout s'enchaîne ici-bas,
Et ce triste avenir que peint votre éloquence,
De vos façons d'aimer est bien la conséquence ;
Que le dessein de Paul vous effraye, en effet
Je le crois ; feriez-vous aussi ce qu'il a fait ?
Quand votre amour a-t-il, protégeant une femme,
Eclairé son esprit et relevé son âme ?
Avez-vous, comme lui, cherché votre bonheur
Dans ces épanchements qui seuls gagnent le cœur ?
Avez-vous, comme lui, mis tous vos soins à rompre
Avec les éléments qui pouvaient la corrompre,
Et lui montrant sans cesse en exemple le bien,
Entre elle et vous placé la vertu pour lien ?...

VALENTIN, avec indignation.

La vertu ! si pour vous par hasard elle existe,
Ne la profanez pas ; Mathilde moraliste !
Oh ! tenez, taisez-vous !

MATHILDE.

   Oh ! non, vous m'entendrez,
Et tout ce que j'ai là de fiel vous le saurez...
A ma haine pour vous cette joie est bien due !
Paul a sauvé Louise, et vous m'avez perdue !
Tandis que me jetant au milieu des plaisirs,
Vous m'exposiez, sans force, aux luttes des désirs,
Et que, grâces à vous ma vie était passée
Dans ce désœuvrement qui corrompt la pensée,
Votre ami, lui, menait Louise par la main
A travers les sentiers d'un plus noble chemin,
Et jugeant le travail la plus puissante égide,

Pour le lui faire aimer lui-même, était son guide.
Pendant que les instincts de votre vanité,
Aiguillonnés au bruit que faisait ma beauté,
Me lançaient dans ce monde où toute la tendresse
Se résume en ces mots « la charmante maîtresse ! »
Et sans s'inquiéter de l'air contagieux
Et des miasmes impurs qu'on respire en ces lieux,
S'enivraient de me voir recherchée et suivie
Par ces mille regards qu'illuminait l'envie ;
Lui, gardait avec soin dans son obscurité
Louise, qu'il vouait à la simplicité,
Et pour mieux la soustraire à tout contact immonde,
Avec son seul amour lui remplaçait un monde...
Oui, lorsqu'à tous venants s'ouvrait votre maison,
Paul me chassait d'ici !... Lequel avait raison?
C'était vous, n'est-ce pas, dont la grave nature
Mêlait à ses baisers des projets de rupture?
C'était vous, car ainsi vous pouviez éviter
Ces liens d'un amour que l'on doit rejeter,
Et dire en prévoyant où ce désordre entraîne :
« Tombe la femme, soit ! mais n'ayons pas de chaîne.

VALENTIN.

A quelle fin ces cris veulent-ils en venir?

MATHILDE.

Que chez Paul le passé répond de l'avenir.

VALENTIN.

J'ignore le motif qui maintenant vous guide ;
Mais en vous j'ai toujours trouvé l'âme cupide,
Et prenant comme vous pour base ce passé,
Ici je vous soupçonne un but intéressé...

MATHILDE.

Faut-il, pour vous haïr, n'aimer personne au monde?

6.

Si je montre aujourd'hui cette haine profonde
Qui depuis trop longtemps paraissait sommeiller,
C'est que votre raison vient de la réveiller ;
C'est que j'ai tout à l'heure acquis la certitude
Que pour vous les grands mots passés en habitude
Ne respectent pas plus la vertu que l'erreur...

(Pendant cette scène, Louise, assise près de la table à droite, est
d'abord restée pensive, donnant de temps en temps des marques
d'une profonde émotion. Au moment du parallèle entre Paul et
Valentin, elle s'est mise à écrire, semblant puiser une détermi-
nation dans les paroles prononcées.
Sur les derniers vers dits par Mathilde, elle a plié sa lettre, et, se
levant avec un pénible effort, elle est venue se placer au milieu
du théâtre entre les deux personnages.)

LOUISE, très-émue.

Mathilde, c'est assez ; je rends grâce à ton cœur.
Merci ; mais j'ai compris ce que l'amour m'impose...

(A Valentin.)

Paul est libre, et sur vous mon espoir se repose
Pour lui faire accepter ce que je fais pour lui. .
Pauvre ami ! Valentin, oh ! soyez son appui,
Sauvez son avenir, sauvez-le de lui-même,
Cachez-lui, s'il se peut, jusqu'à quel point je l'aime.

VALENTIN.

Oh ! Louise !

MATHILDE.

Es-tu folle ?

LOUISE.

Il ne m'appartient pas
D'oser me prononcer dans vos graves débats ;
Mais j'en vois ressortir malgré mon ignorance
Un devoir imposé par la reconnaissance.
Plus Paul a fait pour moi, plus je dois m'oublier.

MATHILDE.

Crois-tu que vos liens se puissent délier?
Mais il veut t'épouser, songes-y donc, Louise.

LOUISE.

Valentin, je l'ai dit, ces liens je les brise.
Trop faible pour lutter contre son désespoir,
Je dois me condamner à ne le plus revoir.

(Remettant sa lettre à Valentin.)

Ceci lui dira tout, que mon sort s'accomplisse,
Et puisse son bonheur payer mon sacrifice!

VALENTIN.

O noble cœur!... Mais vous? Je ne puis au hasard
Vous rejeter.

LOUISE.

C'est bien ; j'y penserai plus tard...
Lui d'abord, avant tout, sa douleur vous réclame...
Mathilde, emmène-moi.

VALENTIN.

Vous avec cette femme !

MATHILDE.

Ne faut-il pas céder à la nécessité?
Que ne prépariez-vous une hospitalité
Plus digne de Louise? Elle n'a rien au monde,
Ne le saviez-vous pas? Dans sa douleur profonde
Qui mieux que moi d'ailleurs pourrait la consoler?
Croyez-vous maintenant qu'on puisse reculer?
Qui voudrait l'accueillir? Quelle est donc la famille
Qui donnerait asile à cette pauvre fille?
En connaissez-vous une?...

VALENTIN.

Eh! pour Dieu, laissez-nous...

Louise, c'est à moi de répondre de vous ;
A de nouveaux dangers seul je dois vous soustraire.
Soyez ma sœur, en moi ne voyez plus qu'un frère,
Tout ce que je possède est à vous, acceptez...
Si les événements par trop précipités
Sont venus malgré moi tromper ma prévoyance,
Je puis tout réparer... Mais pourquoi ce silence?
Me refuseriez-vous ?

LOUISE.

   Oui, Valentin, merci ;
A l'avenir, de moi ne prenez nul souci.
Je cède à la raison ; mais sous sa rude étreinte
Mon amitié pour vous est la première atteinte...
Viens, Mathilde, partons!... O mon Dieu, c'est donc vrai !

MATHILDE, à part.

Je la tiens! Dieu merci, je les rapprocherai.

(Louise jette un long et dernier regard sur la chambre.)
(Elles sortent.)

SCÈNE V.

VALENTIN, seul.

Oh ! pauvre femme !... Et Paul? Je ne puis que l'attendre,
Ses larmes, sa douleur ne voudront rien entendre ;
Tous deux vont me haïr ; je les sauve pourtant !
Et Mathilde... Elle a pu me troubler un instant ;
J'ai pu, ferme d'abord, et fort à son approche,
Me sentir tout à coup faiblir sous son reproche...
O raison ! pourquoi donc viens-tu toujours trop tard ?
Quand nous allons former ces liens de hasard

Qui sur notre existence ont un si grand empire,
Pourquoi n'es-tu pas là toujours à nous redire
Ce qu'ils pourront un jour nous coûter de remords ?
Pourquoi ne viens tu pas, redoublant tes efforts,
Crier en nous montrant la femme qui nous aime
Prête à faillir : « Arrête; épargne toi toi-même,
« Si l'amour aujourd'hui peut te justifier,
« Demain tu dois la perdre ou la sacrifier ? »

IV

SCÈNE PREMIÈRE

MATHILDE, seule. Elle relit la lettre qu'elle vient d'écrire.

« Malgré des précédents que je veux oublier aujourd'hui, mon amitié pour Louise s'est alarmée avec raison en apprenant que votre oncle vous imposait un mariage que tout vous oblige à accepter ; et ce matin, trop inquiète du sort qui attendait ma malheureuse amie, j'ai osé braver l'interdiction dont vous m'avez frappée, et je me suis rendue près d'elle.

« Ma pensée était bonne ; car Louise, toute dévouée à votre fortune, inspirée d'ailleurs par Valentin, n'a pas hésité un seul instant à s'oublier entièrement pour vous ; et trop fière pour rien accepter de celui qui l'obligeait à un si pénible sacrifice, c'est à moi qu'elle a eu recours dans ce moment désespéré.

« Soyez donc sans inquiétude sur elle, ce soir je l'emmène à Naples où je ne comptais aller qu'un peu plus

tard. Ce changement de pays pourra seul apporter
quelque soulagement à sa douleur; concluez au plus tôt
votre mariage, Louise ne reviendra que lorsque cette bar-
rière sera posée entre elle et vous. »

(Elle cachette sa lettre et sonne; entre le domestique.)

SCÈNE II

MATHILDE, LE DOMESTIQUE.

MATHILDE.

Monsieur est-il venu ?

LE DOMESTIQUE.

Pas encore, madame.

MATHILDE, à elle-même.

C'est bien, attendez là. Revoyons mon programme ;
Bien sûr Paul va venir, Louise cédera ;
Quelle que soit sa vertu, l'amour l'emportera ;
Dans un premier moment on fait un sacrifice,
Mais il n'est pas de cœur qui bientôt ne faiblisse...
Ah ! vienne l'oncle alors, Paul est deshérité,
Et moi !... je puis agir avec sécurité...
Devançons Valentin ; il faut que dans une heure
(Au domestique.)
Mon sort soit décidé. Savez vous où demeure
Le neveu de Monsieur ?

LE DOMESTIQUE.

Monsieur Paul ? oui.

MATHILDE, lui remettant la lettre.

Gardez,
Cette lettre est pour lui, lui seul, vous m'entendez ?

Prenez une voiture, et soyez au plus vite
A l'attendre devant la maison qu'il habite...
Surtout ne montez pas ; guettez-le dans la rue ;
Du plus loin qu'il viendra s'offrir à votre vue,
Courez pour lui donner ce billet ; s'il le faut,
Insistez pour qu'il l'ouvre et le lise aussitôt...
C'est un point important. Il parlera sans doute
De venir avec vous, suivez-le ; dans la route
Ne laissez rien percer de vos instructions,
Qu'il ne puisse attribuer à des précautions
Sa rencontre, qui doit être tout imprévue...
Vous vous rendiez chez lui, par hasard, sa venue
Vous l'a fait aborder... Allez vite, et s'il vient,

    (Lui montrant un louis.)

Si tout a réussi, ceci vous appartient...

    (Regardant la pendule.)

Vous avez devant vous tout le temps nécessaire.

                (Le domestique sort.)

SCÈNE III

MATHILDE, seule.

Vous êtes, j'en conviens, un vaillant adversaire,
Mons Valentin ! pourtant nous ne vous craignons pas.
Ah ! vous semblez, de moi, faire si peu de cas,
Que vous ne daignez pas, lorsque je vous accuse,
Murmurer seulement la plus légère excuse ;
Votre dédain prétend me mettre hors la loi !
Eh bien, vous apprendrez que l'on compte avec moi.
Si, quelque temps, je fus cette timide femme
Qui s'arrêtait, craintive, au premier mot du blâme,

Maintenant je suis forte et je puis tout oser.

J'ai, comme tous, le droit d'user et d'abuser.

Je possède! mon bien, c'est la sottise humaine.

Trouvez donc quelque part un plus vaste domaine!

(Entre l'oncle de Paul; à sa vue Mathilde dont l'air, le geste et la voix sont en ce moment fort exaltés, revient au ton naturel par une transition subite.)

SCÈNE IV

MATHILDE, L'ONCLE.

MATHILDE, lui tendant la main.

Vous venez à propos, je m'occupais de vous.

L'ONCLE, un peu légèrement.

Vraiment?

MLTHILDE, un peu piquée.

Vous en doutez?

L'ONCLE, légèrement ironique.

J'en suis fier.

MATHILDE, affectueuse.

Entre nous
Vous savez bien que c'est mon travail ordinaire.

L'ONCLE, froidement.

Et de quoi s'agit-il?

MATHILDE, sérieuse, et résolûment.

D'une très-grave affaire.
Je pars demain pour Naple, ou ce soir, si je puis.

L'ONCLE, avec inquiétude.

Vous plaisantez?...

MATHILDE, radoucie.

Pour Naple ou tout autre pays
Qui vous conviendrait mieux ; car je réponds d'avance
De conformer mon choix à votre préférence.

L'ONCLE, avec inquiétude.

Je ne puis partir, moi.

MATHILDE, légèrement ironique.

Je dois vous observer
Que je ne prétends pas du tout vous enlever.
Ici, votre présence est même nécessaire...

L'ONCLE, avec inquiétude.

De grâce, expliquez-vous !

MATHILDE, affectueuse.

J'aurais voulu vous taire
Cet incident qui doit vous ennuyer un peu ;
Car enfin, il s'agit de Paul, votre neveu.
Appelée à l'honneur de votre confidence,
J'ai remarqué souvent votre peu d'indulgence
Pour ce digne jeune homme, et j'ai dû quelquefois
Contre vos sentiments faire entendre ma voix ;
Mais jamais elle n'eut une grande influence.

L'ONCLE.

Vous conviendrez aussi qu'après votre défense
Il arrivait toujours que, dans ses actions,
Je trouvais un motif à mes préventions.
Hier encore, d'après votre avis, je m'engage
Dans les sots pourparlers qu'exige un mariage.
Je fais tout ce qu'il faut pour qu'il se trouve heureux ;
Je me conduis enfin en oncle généreux...
Ce n'était pas pousser trop loin l'exigence
Que d'attendre de lui quelque reconnaissance ;

Mais à peine l'eut-on instruit de mon projet,
Que sans même daigner motiver son rejet,
Sans même s'excuser par la moindre parole,
Il avait disparu.

MATHILDE.

Quelque raison frivole...
Et tenez, vous allez, en deux mots, être au fait ..
Je ne sais si de moi vous serez satisfait,
Je risque en vous servant ainsi malgré vous-même ;
Mais pour me pardonner, songez que je vous aime,
Et que votre bonheur est ce que je poursuis.
Vous m'avez quelquefois confié vos ennuis...
Et je les ai compris ; je sentais qu'à votre âge
Vous deviez entourer ce besoin d'entourage
Auquel nous devons tous sacrifier un jour...
Et si mon amitié souffrait bien à son tour
De se voir impuissante à combler ce grand vide,
Elle devait au moins, sous peine d'être avide,
Chercher quelque moyen d'être utile à vos vœux...
C'est alors qu'à Paris nous vînmes tous les deux ;
Je vous y connaissais un reste de famille.
La mort avait frappé votre sœur et sa fille ;
Mais son fils vous restait, et je comptais sur lui...
Et malgré tout j'y compte encor plus aujourd'hui.

L'ONCLE.

Sa conduite...

MATHILDE.

N'a rien qui puisse me surprendre.

L'ONCLE.

Mais quel acharnement à toujours le défendre ?

MATHILDE.

Mon Dieu ! me feriez-vous l'honneur d'être jaloux ?
Vous auriez tort, vraiment. Je ne défends que vous ..

Et moi peut-être un peu. Je sais qu'on nous accuse,
Nous femmes, de chercher par adresse et par ruse
A prendre dans un cœur un complet ascendant.
On va jusqu'à couvrir d'un motif insultant
Ce désir qui, parfois, n'est qu'excès de tendresse.
Vous comprendrez alors que ma délicatesse
Veuille se disculper, et surtout à vos yeux,
De la prévention d'un calcul odieux.
Paul est votre neveu, ce titre vous oblige,
Et si jusqu'à présent un discord qui m'afflige
Est venu se placer sans cesse entre nous deux,
J'espère que bientôt vous vous comprendrez mieux.

L'ONCLE.

Et vous croyez vraiment opérer ce miracle?

MATHILDE.

J'en ai déjà levé le principal obstacle.

L'ONCLE.

Et comment?

MATHILDE.

En rendant à Paul sa liberté...
Vous êtes trop entier dans votre autorité.
Si parfois à vos vœux une entrave s'oppose,
Sans daigner seulement remonter à la cause,
Vous tranchez d'un seul coup; je procède autrement.
Chez Paul, votre adversaire était un sentiment,
Un de ces grands amours si riches en tendresses,
Que tout semble pour eux se traduire en caresses...
Eh bien, tout est fini, cette entrave n'est plus...
Il vous en coûtera quelques milliers d'écus,
C'est vrai, mais avec moi franchissant la frontière,
Cet objet d'un amour, dont une vie entière
N'aurait pu ce matin diminuer les feux,
Vous laissera ce soir le meilleur des neveux;

Et si vous voulez bien pour quelque temps encore
Tolérer les regrets que celle qu'on adore
Laisse au cœur ulcéré qui les croit éternels,
Dans huit jours vous verrez combien ils sont mortels.

L'ONCLE.

Si c'est là le motif de votre prompt voyage,
Je ne le comprends pas ; quelque nouvel usage
Nous oblige-t-il donc de faire accompagner
La femme que l'on quitte et qu'on veut éloigner ?

MATHILDE.

Non, on n'a pas encore cette galanterie.
Mais il faut d'une part, pour que Paul se marie,
Empêcher à tout prix un raccommodement ;
De plus, celle qu'il aime a, par son dévouement,
Mérité mes égards et ma reconnaissance...
Je l'ai connue aussi. jadis, dans mon enfance,
Et ces vieux souvenirs d'une ancienne amitié,
Joints à vos intérêts, motivent ma pitié.

L'ONCLE,   d'un ton bourru.

Combien de temps alors pensez-vous être absente ?

MATHILDE.

Pourquoi me montrez-vous cette humeur mécontente ?
En voulant faire bien n'ai-je pas réussi ?

L'ONCLE.

Je ne dis pas cela... peut-être... Mon Dieu, si...
Mais ce départ.... Tenez, il me semble un prétexte.
Voulez-vous me quitter ?

MATHILDE,   très-indépendante.

                   Ah ! nous changeons de texte !
Perdez-vous la raison ? Quand donc jusqu'à ce jour
M'avez-vous jamais vue employer un détour ?

Si j'avais un instant une pareille envie,
Sans prétexte aussitôt elle serait suivie.
Si ce n'est l'amitié, quoi donc m'enchaîne à vous?

(Très-marqué.)

Suis-je donc votre femme? êtes-vous mon époux?
Ma liberté me rend tout prétexte inutile...

(Modifiant son expression par degrés, pour arriver à celle du tendre
reproche.)

Et c'est vous qui montrez cette crainte futile?
Vous êtes un enfant, connaissez-moi donc mieux.
Ici, votre bonheur est tout ce que je veux.
Grâce à moi, vous aurez bientôt une famille,
Dans Paul un tendre fils, dans sa femme une fille,
Dont les soins assidus embelliront vos jours.
Tous ces besoins du cœur que vous rêvez toujours
Vont être satisfaits, et lorsque je vous donne
Ces trésors du printemps pour parer votre automne,
Ingrat! vous soupçonnez en moi la trahison.

L'ONCLE, avec émotion.

Mathilde!

MATHILDE.

Vous quitter! mais vous avez raison
Peut-être... car bientôt ces amitiés nouvelles
Me porteront, à moi, des atteintes cruelles.
Que serai-je pour vous alors que vous aurez
Des âmes pour la vôtre, et que vous sentirez
Votre cœur rajeuni qui semblera revivre
A ces tableaux charmants dont la famille enivre?...
Votre bonté voudrait en vain me rassurer...
Je ne m'abuse pas; puis-je donc espérer
Qu'alors votre amitié sera pour moi la même?
Non, mon ami, je suis en un péril extrême,

Je le sais ; mais pour vous je puis sacrifier
Toute mon espérance, et loin de m'effrayer
Du sort que me réserve une rupture affreuse,
Je vois votre bonheur et suis encore heureuse.

L'ONCLE.

Non, pour ton avenir, Mathilde, ne crains pas.
Je ne puis comme toi croire à des résultats
Aussi complets que ceux dont se leurre ton âme,
Que mon neveu s'amende et quitte cette femme.
Qu'il aille, par calcul plus que par repentir,
De ses torts envers moi jusques à consentir
A conclure un hymen qui fera sa fortune,
Je le crois ; mais jamais sa présence importune,
Son jugement étroit, son esprit sans valeur,
N'effaceront pour moi tes charmes et ton cœur.

MATHILDE.

Ne me trompez-vous pas en vous trompant vous-même ?
Mon ami, je suis faible, et ce cœur qui vous aime,
En voulant se fermer à ce nouvel espoir,
S'y livre malgré lui... Mais non ! j'ai mon devoir,
Laissez-moi l'accomplir ; les droits de la famille
L'emportent sur l'amour de cette pauvre fille,
Qui, sans vous, reprouvée et vouée au malheur,
N'eût jamais pu connaître un instant de bonheur !

L'ONCLE.

Chère femme ! poursuis ce généreux ouvrage
Qui révèle pour moi jusqu'où va ton courage.
Quelle que soit la fin promise à tes efforts,
Paul dût-il revenir, pour réparer ses torts,
A la soumission que peut-être il va feindre,
Désormais ce retour pour toi n'est pas à craindre.

MATHILDE.

Ne le condamnez pas sans l'avoir entendu.

Dans quelques jours son cœur doit vous être rendu.
Mais si pour le guérir je compte sur l'absence,
J'attends de votre part l'appui de l'indulgence...
Mon ami, j'ai besoin de vous pour mon départ...

L'ONCLE.

Je vais...

MATHILDE.

Soyez ici dans une heure au plus tard...
Près de nous séparer, vous voudrez bien sans doute
Me donner tout ce jour?

L'ONCLE.

Oui

MATHILDE.

Si dans votre route
Vous trouviez...

L'ONCLE.

Quoi?

MATHILDE.

Mais non revenez au plus tôt.

L'ONCLE.

Qu'est-ce donc?

MATHILDE.

Un caprice et Jacque ira tantôt.

(Elle le congédie de la main; l'oncle l'embrasse et sort.

SCÈNE V

MATHILDE, seule.

Enfin la mine est prête! elle attend l'étincelle!...
Depuis assez longtemps cet esprit qui chancelle

Porte de l'un à l'autre un pas irrésolu ;
Il est temps d'en finir par le vide absolu...
D'un rival importun qu'un éclat me délivre,
Il faut que cette fois il ne puisse survivre ;
S'il n'est pas dangereux il peut le devenir...
Et je ne le veux pas .. mais Paul va-t-il venir ?
Il est jeune, il est bon, il a du cœur, il aime !...
Je puis autant compter sur lui que sur moi-même.
Ce seul mot de départ doit le faire accourir,
Et Louise n'a plus longtemps à souffrir.
L'oncle s'inquiétait aussi de ce voyage ..
Le pauvre homme ! il y croit ! Mathilde ! allons, courage !
Le but est là, tu peux le toucher aujourd'hui,
L'oncle t'aime, et le mieux est qu'il t'aime pour lui :
L'égoïsme en amour grandit la dépendance.
Ne crains donc rien, c'est lui qui fonde ta puissance.

SCÈNE VI

MATHILDE, LE DOMESTIQUE.

MATHILDE.

Monsieur Paul? avec vous ne l'amenez-vous pas ?
Ne l'avez-vous pas vu ?

LE DOMESTIQUE.

Si, madame...

MATHILDE.

En ce cas
Comment êtes-vous seul ? n'a-t-il pas lu ma lettre ?...
Vous deviez insister pourtant.

LE DOMESTIQUE.

Daignez permettre,
Madame, monsieur Paul a lu votre billet.

MATHILDE.

Ne vous ai-je pas dit cependant qu'il fallait
L'amener avec vous ?

LE DOMESTIQUE.

Je vous avais comprise ;
Et monsieur Paul, d'abord frappé par la surprise,
Dans le premier moment venait sans hésiter,
Quand par réflexion je l'ai vu s'arrêter,
Relire votre lettre, et, franchissant la rue
D'un seul bond, comme un trait traverser l'avenue
Qui mène à son logis... là j'ai dû m'arrêter,
Car madame m'avait défendu de monter.

MATHILDE.

N'avez-vous pas chez lui vu quelqu'un apparaître ?

LE DOMESTIQUE.

Si, madame, un monsieur était à la fenêtre,
Qui devant monsieur Paul a pu s'élancer.

MATHILDE.

(A part.)   (Au domestique.)
C'est Valentin, bien sûr. Vous pouvez me laisser.

SCÈNE VII

MATHILDE, seule.

J'aurais voulu surtout empêcher leur rencontre.
Paul conservera-t-il les sentiments qu'il montre ?

Dans ses intentions saura-t il persister?
Le sacrifice est fait... s'il allait l'accepter ?
Valentin est bien-fort, l'opinion du monde
Dans ses raisonnements l'approuve et le seconde ;
L'amour, le seul amour pourra-t-il soutenir
Le choc de ces deux mots : fortune et avenir?
Me faudrait-il ce soir partir avec Louise ?
Moi partir ! oh ! non pas ! dans ce moment de crise
Je dois plus que jamais rester là pour lutter...
C'est ma fortune à moi qu'on veut me disputer...
Eh bien ! qu'on vienne donc, je saurai la défendre.

(On entend la voix de Paul au dehors.)

Cette voix ! allons, Paul ne s'est pas fait attendre,
Il apporte à Louise et son cœur et sa foi !...
Ah ! je triomphe enfin et l'oncle est bien à moi !

SCÈNE VIII

MATHILDE, PAUL.

PAUL, entrant précipitamment.

Louise ?

MATHILDE, feignant la surprise.

Vous ici !

PAUL.

Je veux la voir.

MATHILDE.

Silence !...

Au moins parlez plus bas... Mon Dieu, quelle imprudence !

(Avec un geste indicatif.)

Elle est dans cette chambre et peut à tout moment
Vous entendre...

PAUL.

Elle est là ?

MATHILDE, feignant de le retenir.

Vous la voir ? Non, vraiment ..
Paul, soyez généreux ! Ménagez sa faiblesse...
Louise ne doit plus être votre maîtresse...
Tout est mort entre vous... Je dois vous empêcher ..

PAUL, avec la plus grande autorité.

C'est ma femme, vous dis-je, et je viens la chercher !

(Il se précipite dans la chambre indiquée par Mathilde.)

MATHILDE, avec joie.

Enfin !
(Elle court à la sonnette et l'agite ; en se retournant elle aperçoit
Valentin qui vient d'entrer ; entre le domestique.)

SCÈNE IX

MATHILDE, VALENTIN.

MATHILDE.

Ciel ! Valentin ! Il peut me compromettre,
Lui, si l'oncle venait.

(A Valentin très-sèchement.)

Vous voulez bien permettre ?

(A voix basse et précipitée au domestique, en l'entraînant loin de
Valentin.)

Jacques, si monsieur vient. retenez bien ceci :
Vous devez empêcher qu'il entre jusqu'ici...

(Désignant Valentin.)

Qu'il rencontre monsieur surtout... Fermez ma porte...

Je vais sortir.. Je suis... où vous voudrez, n'importe...
Dites-lui que j'ai dû remettre mon départ...
Qu'il m'attende chez lui, je l'y joindrai plus tard...
(Désignant Valentin.)
Sitôt monsieur parti, levez cette consigne.

(Le domestique sort.)

VALENTIN.

Vous avez réussi par une astuce insigne !
Paul est ici, Louise et lui se sont revus.

MATHILDE.

Tous mes projets par vous devaient être prévus ;
Vous les ai-je cachés? Dites, que vous en semble ?
Ah vous les sépariez ! Eh bien je les rassemble,
(Lui indiquant la porte, que Paul a laissée ouverte en se précipitant.)
Moi ! Regardez-les donc, n'était-ce pas affreux
D'arracher l'un à l'autre ainsi deux amoureux
Si bien faits pour brûler d'une éternelle flamme !

VALENTIN.

Ce matin... répondez, abominable femme...
Quel motif odieux a dicté votre écrit ?

MATHILDE.

Ne le savez-vous pas? à quoi donc sert l'esprit?
Vous ne supposez pas que j'aime assez Louise
Pour que mon amitié risque cette entreprise?..
Soit, mon Dieu! croyez donc tout ce qu'il vous plaira.
Rien... et c'est là mon but... ne les séparera...
Pour votre opinion, elle est libre .. je pense
Que vous ne tenez pas beaucoup à ma présence,
Et que vous voudrez bien par réciprocité
Permettre que j'agisse en toute liberté. .
(Lui montrant Paul, qui ramène Louise.)
Je vous laisse le champ, détruisez mon ouvrage...
Si vous pouvez.

(Elle sort.)

SCÈNE X

PAUL, LOUISE, VALENTIN.

PAUL à Louise, qu'il tient dans ses bras.)

Pourquoi me cacher ton visage ?
Lorsque sur toi je porte un regard anxieux,
Pourquoi sous mon regard abaisses-tu les yeux ?
Tu sembles redouter de me montrer ton âme...
Que peux-tu craindre encore, ô noble chère femme ?
Si mon affection ne peut te rassurer,
Quel serment solennel pourrais-je proférer
Qui la vaudrait jamais ? regarde-moi, je t'aime !

LOUISE.

O mon Paul !

(En relevant la tête elle aperçoit Valentin, et se tourne vers lui.

Valentin ! oh ! parlez-lui vous-même !
Je ne puis... Je ne sais... Mon pauvre cœur brisé
Rappelle vainement son courage épuisé ;
Vous m'aviez convaincue et l'amour qui m'entraine
Dissipe la raison sous son ardente haleine...
Je faiblis .. Je le sens... Venez à mon secours...
Dites-lui... S'il devait pourtant m'aimer toujours !

PAUL.

Tu peux douter encore ?

VALENTIN

O Louise, courage !

PAUL, à Valentin.

C'est garder trop longtemps un rôle qui m'outrage·

Je crois de l'amitié connaître le devoir
Aussi bien que toi-même, et je souffre de voir
L'homme qui dans mon cœur a la première place
Poursuivre obstinément un but qui l'en efface.

VALENTIN.

Oh ! Paul ! Un tel reproche...

PAUL.

           Est par toi mérité.
Si notre ami, sur nous, a de l'autorité,
C'est pour nous soutenir dans les jours de faiblesse ;
Il nous devient alors plus cher quoiqu'il nous blesse,
Car malgré la douleur on se sent ennobli
Par les âpres plaisirs du devoir accompli.
Mais que fais-tu pour moi maintenant, dans ta lutte ?
Loin de me soutenir, tu pousses à ma chute,
Et si pour résister je n'avais mon amour,
Grâce à toi, j'eusse commis trois fautes en un jour :
Louise, à l'intérêt par moi sacrifiée,
Eût vu par l'abandon sa tendresse payée ;
Mon oncle... que je tiens en souverain mépris,
Avant peu... Car pour moi son bien n'est qu'à ce prix,
M'eût forcé d'écouter sans honte et sans colère
Tous les mots insultants qu'il adresse à mon père,
Et j'eusse couronné l'œuvre en enchaînant à moi
Un cœur jeune, tout plein d'espérance et de foi,
Dont j'eusse récompensé la naïve tendresse
Par les regrets donnés à l'ancienne maîtresse.
Voilà dans quel chemin m'entraînait ta raison.

VALENTIN.

Alors mon amitié n'est qu'une trahison ..
Pourrais-tu prononcer un semblable blasphème ?

LOUISE, à Paul.

Oh ! ne l'accuse pas, je sais combien il t'aime,
Et si pour un instant de toi j'ai pu douter.
Si pour ton avenir j'ai pu m'épouvanter,
C'est qu'à l'amitié seule empruntant sa puissance,
Sa voix à mon amour dictait l'obéissance.

PAUL.

(A Valentin.)

Chère femme ! Laissons ces pénibles débats,
Oublions-les... Ta main... Non, je ne t'en veux pas ;
Pardonne-moi plutôt si j'ai d'une voix rude
Repoussé les efforts de ta sollicitude ;
Un ami tel que toi ne peut m'être suspect,
Et dans ses erreurs même a droit à mon respect.

VALENTIN.

Puisse donc l'avenir tromper ma prévoyance !

PAUL, s'animant par degrés.

Va, laissons ce grand mot, source de méfiance ;
Mon avenir, c'est moi, c'est mon travail, c'est vous :
Vous que j'aime, et par qui tout est facile et doux,
Chères affections qui me comblez d'ivresse !
Que me fait avec vous plus ou moins de richesse ?
Comment de l'avenir pourrais-je m'effrayer
Lorsque sur vos deux cœurs le mien peut s'appuyer ?
Pour le doute et la crainte en vain la raison plaide,
Je crois ! et qu'avec vous le ciel me soit en aide !

LOUISE, tombant à genoux.

O mon Dieu !

PAUL.

Dans mes bras !

LOUISE.

Oh ! je doute !

PAUL.

Et de quoi?

LOUISE.

Je doute, ô noble cœur, d'être digne de toi !
J'ai peur, je sens en moi ta grandeur qui m'accable !
Près de toi je me vois infime et misérable !
Pourrai-je donc jamais te payer de retour ?
Dieu ! pour l'aimer assez faites-moi toute amour !

PAUL.

Ma femme ! viens, quittons cet odieux asile
Si peu digne de toi.

(Au moment où ils vont pour sortir, entre l'oncle suivi du domestique de Mathilde, qui essaye de le retenir.)

SCÈNE XI

PAUL, LOUISE, VALENTIN, L'ONCLE, LE DOMESTIQUE.

LE DOMESTIQUE, à l'oncle.

Mais...

L'ONCLE.

Laissez-moi tranquille.

LE DOMESTIQUE.

Par Madame, chez lui, Monsieur est attendu ..

L'ONCLE.

C'est bien, sortez...

LE DOMESTIQUE.

Pourtant...

L'ONCLE.

Vous m'avez entendu.

(Le domestique sort.)

PAUL, à part.

Mon oncle ici !

L'ONCLE, à Paul.

Vous, Paul !

VALENTIN, bas à Paul.

Maintenant tout s'explique.
De Mathilde, à présent, vois-tu la politique ?

PAUL, bas à Valentin.

Que m'importe, mon Dieu !

L'ONCLE, à Paul.

Que faites-vous ici ?

PAUL, lui présentant Louise.

J'y suis venu chercher ma femme que voici.

L'ONCLE.

Vous avez fort bien fait si telle est votre envie ;
Cependant, avec moi, vous rompez pour la vie,
Vous le savez sans doute ?

PAUL.

Et je suis résolu.

L'ONCLE.

Ne vous plaignez donc pas, car vous l'aurez voulu.

PAUL, à Louise.

Viens, partons.

(Paul, Louise et Valentin remontent la scène pour sortir.)

L'ONCLE, rappelant Valentin.

(A part avec émotion.)

Valentin ! Oh ! malgré moi je tremble...
C'est mon fils !

VALENTIN, bas à Paul.

Attends-moi, nous partirons ensemble.

(A part en observant l'oncle qui cherche à surmonter son émotion.)

Il est ému Ma mère! ô mon cœur, contiens-toi!

(Haut à l'oncle)

Je vais donc la venger ! Que voulez-vous de moi ?

L'ONCLE,   avec émotion.

Vous savez à quel point votre sort m'intéresse,
Valentin, mon ami, j'ai tenu ma promesse.
La gloire vous sourit, et c'est avec bonheur
Que je puis vous offrir sa première faveur.

VALENTIN.

Arrêtez !

L'ONCLE,   tirant un papier.

Ce brevet, le voici.

VALENTIN.

Je refuse,
Et j'ai fait au ministre agréer mon excuse.

L'ONCLE.

Vous refusez! pourquoi?

VALENTIN.

Vous voulez le savoir?

L'ONCLE.

Refuse-t-on ainsi les faveurs du pouvoir?
Si j'ai sollicité pour vous ce noble insigne,
C'est que je savais bien que vous en étiez digne.

VALENTIN.

Le recevoir de vous !

(Tirant de sa poitrine un médaillon qu'il tient sous les yeux de l'oncle.)

Regardez ce portrait,
Celle-là, qui n'est plus, aujourd'hui m'en prierait,
Que rebelle à sa voix et sourd à sa prière,
Dussé-je anéantir à jamais ma carrière,

Dût-elle pour me vaincre implorer à genoux,
Je le refuserais parce qu'il vient de vous!
Regardez ce portrait... si vous l'osez sans honte!
Ma mère! je puis donc enfin demander compte
De ton amour trompé devenu déshonneur,
De tes jours abreuvés de honte et de douleur,
Des malédictions de ta famille entière
Qui t'effrayaient encore à ton heure dernière!
Je puis donc...

L'ONCLE, troublé.

Valentin, si j'en crois son regard,
Elle pardonnerait!

VALENTIN, avec force.

Alors il est trop tard;
Moi son fils, je ne dois ni ne veux vous absoudre!

(L'oncle reste un instant terrifié sous le geste de Valentin; entre Mathilde.)

SCÈNE XII

PAUL, LOUISE, à l'extrémité de la scène. L'ONCLE et
VALENTIN l'un près de l'autre. MATHILDE, entrant
au milieu de la scène.

MATHILDE, apercevant l'Oncle et Valentin en présence.

(A part.)   (Haut à l'Oncle.)

Ensemble! Vous ici!

L'ONCLE, à part.

Je ne sais que résoudre

MATHILDE, à l'oncle.

Quel trouble! qu'avez-vous? je viens de vous chercher,

(Lui montrant Paul et Louise.)

Voilà ce qu'à vos yeux j'aurais voulu cacher...
Oh! pour vous, mon ami, quelle pénible épreuve!

L'ONCLE, regardant Valentin.

(A part.)   (Avec une résolution subite.)
Oui, pénible! Mathilde, il me faut une preuve
De ton amour.

MATHILDE.

(A part.)

Parlez. Valentin s'est donc tu?
Je suis sauvée!

L'ONCLE.

Il faut m'accompagner, veux-tu?

MATHILDE.

Partout où vous irez je suis prête à vous suivre.

L'ONCLE, à lui-même avec amertume.

Seul maintenant! toujours! oh! non, ce n'est pas vivre.

(Avec une larme.)
Oh! Valentin, mon fils! j'avais compté sur lui,
Tout me manque à la fois quand j'ai besoin d'appui.

MATHILDE.

Vous pleurez

L'ONCLE, à lui-même, regardant Mathilde.

A présent elle seule me reste...
La femme de hasard, l'être souvent funeste,
Je ne puis l'estimer, et pourtant malgré moi
Je suis prêt à lui dire : Oh! je me livre à toi!
Trompe-moi, s'il le faut, en me rendant crédule,
Mais que j'aie un bonheur... fussé-je ridicule.

(A Mathilde, avec une rage concentrée.)
Venez, nous partirons ce soir.

MATHILDE, fièrement.

Mais...

L'ONCLE, brusquement.

Je le veux.

MATHILDE, très-impérieuse.

Me parlez-vous ?

L'ONCLE, radouci et humble.

(A part.)

Pardon ! Je suis bien malheureux !

MATHILDE à part, en s'en allant avec l'oncle.

Entre nous maintenant la partie est jugée.

(L'oncle et Mathilde sortent.)

VALENTIN à part, en les regardant partir.

Mathilde ! sa maîtresse ! oh ! ma mère est vengée !

(A Paul.)

Je t'avais tout caché.

PAUL.

Je devine pourquoi,
Tu n'osais éclater par intérêt pour moi.

VALENTIN.

Pour toi j'ai tout un jour suspendu ma colère,
Juge donc à présent si je t'aime !

PAUL.

O mon frère !
Louise ! mes amis ! combien je suis heureux !

VALENTIN, à part.

Oui, mais je tâcherai d'être riche pour deux.

FIN.

Paris. — De Soye et Bouchet, imprimeurs, place du Panthéon, 2.

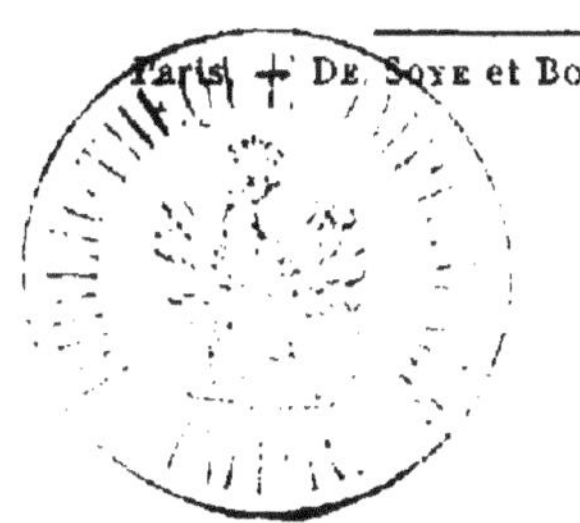

9 782329 729787